Adalbert Seipolt · Abgehauen grünt er neu

Adalbert Seipolt

Abgehauen grünt er neu

Geschichte(n) als Arzeney für Mißvergnügte

echter

Die Deutsche Bibliothek – CIP-Einheitsaufnahme

Seipolt, Adalbert:
Abgehauen grünt er neu. Geschichte(n) als Arzeney für Mißvergnügte. /
Adalbert Seipolt. – Würzburg : Echter, 1995
ISBN 3-429-01738-6

Mitglied der Verlagsgruppe »engagement«

Umschlag: Ernst Loew (Bild: Placidus Heider)
Gesamtherstellung: Friedrich Pustet, Regensburg
ISBN 3-429-01738-6

Als Peter Jonathan Schwarz im gewohnten Sauseschritt in seine Dienststelle stürmte, fielen ihm drei ungewohnte Dinge auf: Der sonst so freundliche Pförtner grüßte nicht zurück; die charmante Sozialreferentin zischelte im Vorbeigehen etwas von ›Nestbeschmutzung‹, und sein altgedienter Sekretär Charly hockte am Boden und las kopfschüttelnd aus der Zeitung SPOT die Balkenüberschrift auf der Titelseite vor: WERFT BOMBEN AUF DEN VATIKAN UND IHR RETTET DIE KIRCHE!

»Das soll ein Father Future vorgeschlagen haben«, sagte Charly zu Peter. »Bist du Father Future?«

Peter packte die Zeitung und zerknüllte sie wütend. »So ein Unsinn!« rief er. »Diese Idioten haben weniger Hirn als die Hühner und keinen Funken Humor.«

»Hauptsache, du verlierst ihn jetzt nicht.«

»Keine Sorge, Charly.« Er strich die zerknüllte Zeitung wieder glatt. »Lohnt es sich, das zu lesen?«

Charly erhob sich vom Boden. »Lohnt nicht, Chef. Die übliche Sensationsmeldung: ein reißerischer Titel und fünf Zeilen Blabla. Da waren die Anrufe viel interessanter.«

»Wer hat angerufen?«

»Alle möglichen Leute, bekannte und unbekannte, wollten dir ihre Meinung sagen, erreichten dich aber nicht.«

»Da siehst du, wie klug es war, mich gestern aufs Rad zu schwingen und hundert Kilometer herunterzustrampeln. Das hat mir, so scheint es, vierundzwanzig Stunden Ärger erspart.«

»Dafür kommt's heute knüppeldick. Aber nicht nur Ärger, Peter, auch Beifall. Von vierzig Anrufern äußerten sich zwanzig begeistert, zwanzig entsetzt. Am meisten schäumte natürlich der Weiße Hai, dein Busenfeind. Er spie Gift und Galle und drohte, seine vatikanischen Beziehungen spielen zu lassen.«

»Der arme Junge verkraftet es bis heute nicht, daß die Inquisition abgeschafft ist.«

»Genau das bedauerte übrigens auch ein frischgebackener Prälat aus dem Rheinland. Und ein gewisser Weihbischof Klaun – wo er amtiert, weiß ich nicht – würde dir sofort Redeverbot erteilen, wenn er dazu befugt wäre. Die Gründerin und Ehrenvorsitzende irgendeiner Pius-Schwesternschaft – wußte gar nicht, daß wir so was im Angebot haben – läßt dir ausrichten, so schnell wie möglich mit deiner ketzerischen Freundin auf die Insel zu fliegen, denn du seist reif dafür. Zum Ausgleich lädt dich ein Rindfleischimporteur (›kurz vor dem Verfallsdatum‹, wie er selber sagte) auf seine Ranch in Argentinien ein, falls dir der Boden zu heiß werden sollte. Eine Jugendhelferin aus Freiburg fand dich ›einfach süß‹, deine Tante Frieda machte vor Begeisterung über deinen Auftritt die ganze Nacht kein Auge zu, und die Kirchenzeitung fragt an, wie du das mit der Papstentführung und den Handgranaten im Kindergarten gemeint hast.« Charly klappte das Notizbuch zu. »Mensch, Peter, ich kapier' überhaupt nichts, angefangen von den Bomben im Vatikan bis zur ketzerischen Freundin. Was hast du da für ein Horror-Szenario ausgebreitet? Du mußt ja kräftig zugeschlagen haben, alter Fighter!«

»Du selbst hast also die Sendung nicht angeschaut?«

»Nachträglich muß ich sagen: leider nicht. Du weißt ja, Mittwoch ist Kegelabend, ein unbedingtes Muß, meine Frau besteht darauf. Aber wir haben die Sendung aufgenommen. Wenn du willst, fahre ich schnell nach Hause und hole die Kassette. In einer Viertelstunde bin ich wieder da.«

»Im Falle des Falles denkt Charly an alles! Der alte Spruch bewahrheitet sich wieder mal. Ja, hol die Kassette, bitte. Damit ich allen Greuelmeldungen entgegentreten kann. Der Bischof wird sich wohl auch bald rühren.«

»Vor Mittag kaum. Der ist zum Begräbnis eines Schulkameraden gefahren. Also, bis später!« Charly entschwand, Peter vertiefte sich in die Zeitung, soweit man sich in ein so seichtes Blatt vertiefen kann – und verschafft uns so die günstige Gelegenheit, ihn etwas genauer vorzustellen.

Getauft war er auf den Namen Peter Jonathan. Schwarz paßte zu ihm aus vielerlei Gründen, weshalb er – im Unterschied zu anderen Petern in Kindergarten, Schule und Seminar – den Spitznamen »Schwarzer Peter« bekam. Zunächst aus familiären. Urgroßvater Josef hatte ein Bestattungs-Institut gegründet und für zwei Domherren die Särge liefern dürfen. Großvater Wilhelm durfte es bereits für einen echten Bischof; außerdem schüttelte er Adenauer zweimal die Hände. Onkel Franz trug den Baldachin bei der Fronleichnamsprozession und spielte mit seinem Stadtpfarrer und dem Küster jeden Donnerstagabend Skat. Tante Frieda regierte als Oberin ein katholisches Müttergenesungsheim. Schwärzer als die Familie Schwarz konnte man wirklich nicht sein! Nur Peters Mutter tanzte aus der Reihe. Sie galt als das rote Schaf der schwarzen Familie: Sie wählte nicht nur links, sie beteiligte sich auch fleißig an Sitzstreiks und Demonstrationen, verliebte sich aber dann trotzdem in einen farbigen Sergeanten der US-Besatzungsmacht, Jonathan A. Cox aus Cotton City, Alabama, der ihr zum Andenken an schöne Stunden einen dunkelhäutigen Wuschelkopf hinterließ: unseren schwarzen Peter.
Als Peter das Licht der Welt erblickte, war sein Vater längst zu seiner rechtmäßigen Gattin nach Alabama heimgekehrt, ließ es sich aber nicht nehmen, alle zwei Jahre für eine Woche nach Deutschland zu fliegen, um seinen Filius, made in Germany, zu besichtigen. Ein so hübscher Nachkomme war ihm in Amerika nämlich nicht geglückt.
Peters Mutter heiratete, als er vier Jahre alt war, einen biederen Banker. Der trieb ihr erstens die roten Flausen aus und verhalf ihr zweitens zu einer weißhäutigen Tochter. Mit ihr zeigte sie sich in der Öffentlichkeit lieber als mit dem ›Mulattenkind‹. Dafür erregte dieses, sechs Jahre alt, die Aufmerksamkeit eines Schokoladen-

fabrikanten. Er hätte Peter gern für einen Werbespot ausgeliehen, doch der biedere Stiefvater lehnte ab. Peter war traurig; er hätte zu gerne seinem Erzfeind in der Klasse, dem weißen Peter, und all den andern, die ihn wegen seiner Hautfarbe verspotteten, vom Bildschirm aus die Zunge herausgestreckt. Welch süße Rache ihm da entging! Und es war nur ein schwacher Trost, daß er beim Weihnachtsspiel alle Jahre wieder den Mohrenkönig spielen durfte. Der Familientradition entsprechend wurde er frühzeitig Ministrant, der weiße Peter leider auch, und weil sie beide gleich groß waren und sich farblich so schön ergänzten, mußten sie bei besonderen Festlichkeiten gemeinsam auftreten, zum beiderseitigen Verdruß. Da gab es manchen Knuff in die Seite und unterm Ministrantenrock manchen Tritt ans Schienbein. Und wenn er besonders böse war, pfiff der weiße Peter die Melodie von den »Zehn kleinen Negerlein«. Doch daran gewöhnte sich der schwarze Peter bald, während sich der weiße nie daran gewöhnte, daß bei Spenden für die Dritte Welt in des schwarzen Peters Sammelkörbchen doppelt so viele Geldscheine wanderten wie in seines.
Zu seinem siebzehnten Geburtstag wollte ihn sein Daddy für immer nach Amerika entführen. Peter sträubte sich, er fühlte sich deutscher als viele Deutsche; daran konnten auch gelegentliche rassistische Anpöbelungen in der Schule, auf der Straße oder im Strandbad nichts ändern. Er quittierte sie mit derselben Gelassenheit wie die Avancen vorurteilsfreier Damen, die sich nach der vielzitierten ›animalischen Wildheit der schwarzen Rasse‹ sehnten. Auch nach dem Abitur zog Peter das Studieren dem Poussieren vor. Er begann mit Luftfahrttechnik, sattelte aber – zum Entsetzen seiner Verehrerinnen – bereits nach dem zweiten Semester auf katholische Theologie um. Während der Semesterferien beteiligte er sich an pastoralen Sondereinsätzen im Jugendgefängnis und in der Drogenszene; nach der Priesterweihe verschlug es ihn zunächst in eine brave Landge-

meinde, dann reiste er im Dienste von MISEREOR nach Mittelafrika, gründete nach seiner Rückkehr ein kirchliches Kabarett: DIE AUFGEWACHTEN SIEBENSCHLÄFER, vergrätzte damit Kleriker und Laien mit unterdurchschnittlichem Humorquotienten – kurzum, für seinen Bischof, der einen überdurchschnittlichen besaß, war er ein Priester, der jeden Posten übernahm, gehorsamer als mancher fromme Ordensmann. Und so machte er wieder seinem Spitznamen alle Ehre. Nebenbei promovierte er summa cum laude.
Auch der weiße Peter machte seinen Doktor in Theologie, und zwar an der päpstlichen Universität Gregoriana, der einstigen Kaderschmiede des Episkopats. Kein Wunder, daß er sich eine schnelle Karriere erhoffte. Weil sie aber auf sich warten ließ, versuchte er immer heftiger gegen mögliche Rivalen zu intrigieren, dank seiner guten Beziehungen zum kirchlichen Establishment nicht ohne Erfolg. Man begann ihn zu fürchten und nannte ihn unter Eingeweihten nicht mehr den Weißen Peter, sondern den Weißen Hai. Auch wir werden das tun.
Im vergangenen Jahr nun hatte der Bischof für Peter J. Schwarz einen völlig neuen Job ausersehen: Zukunftspfarrer. An dieser Bezeichnung war der Bundeskanzler schuld, der bei der letzten Regierungsbildung einen ›Zukunftsminister‹ ins Kabinett berufen hatte. Bischof Konrad hielt diese Wortschöpfung für einen guten Griff. Warum das nicht nachahmen? Er zählte zwar zu den ältesten Bischöfen des Landes, war aber in seinen Ansichten weniger altmodisch als mancher Amtsbruder, der zwanzig Jahre nach ihm den Bischofsstuhl bestiegen hatte. Bischof Konrad schrieb die neue Stelle sogar im Amtsblatt aus. Bewerben durfte sich, wer a) höchstens 45 Jahre alt war, b) Erfahrung in der Jugendarbeit aufweisen konnte, c) sich in moderner Theologie auskannte, d) öffentliches Auftreten und Diskutieren gewohnt war und e) sich unter dem Begriff ›Zukunftspfarrer‹ etwas Konkretes vorstellen konnte. Bischof Konrad selbst konnte das noch nicht. Er hatte nur ein gutes Vorgefühl,

und bisher hatten ihn seine Vorgefühle selten getäuscht. Sie sollten ihn auch diesmal nicht täuschen.
Zunächst fand sich kein Bewerber. Da meldete sich der schwarze Peter aus Rom zurück, wohin ihn der Bischof in einer heiklen Mission geschickt hatte: Geldspenden für die Ärmsten in Kamerun waren anscheinend in die Taschen der Mafia geflossen. Peter konnte die üble Sache zwar nicht restlos aufklären, aber Maßnahmen veranlassen, die ähnliche Pannen in Zukunft verhindern würden. In Zukunft! Bischof Konrad sah bei diesem Wort die himmlische Ampel auf Grün geschaltet und unterbreitete Peter seine Idee vom Zukunftspfarrer. Was blieb diesem zum Schluß anderes übrig, als ja zu sagen? Neues reizte ihn immer, Neueres als die Zukunft gab es nicht. So löste der Bischof eine längst überflüssige Dienststelle auf und schuf eine neue: ›Bischöfliches Büro für zukunftsorientierte Pastoralperspektiven‹, abgekürzt BBZPP, ein hochtrabender Name gewiß, aber ohne einen solchen gilt heute nichts mehr. Als ›Bischöflicher Beauftragter für zukunftsorientierte Pastoralperspektiven‹ war Peter der Presse nur drei Zeilen wert, als ›erster Zukunftspfarrer Deutschlands‹ (oder gar der ganzen Welt?) eine Nachricht vom Umfang des Wetterberichts.
Da spitzten dann auch Funk und Fernsehen die Ohren. Als erster nahm sich der Regionalfunk seiner an, dann bat ihn die ARD um ein ›Wort zum Sonntag‹. So richtig bekannt wurde er aber erst durch seinen Auftritt in der ›Kummerkiste‹, einer Sendung von 45 Minuten Dauer, allmonatlich am ersten Mittwoch ausgestrahlt. Die ›Kummerkiste‹ – ein Zwitter aus Kummerkasten und Flimmerkiste – setzte Ängste und Sorgen der Bundesbürger in Bilder und Worte um, die zuvor mit Kamera und Mikrophon auf Straßen, in Geschäften und in Gaststätten eingefangen worden waren – gewissermaßen dem Maul des Volkes abgelauscht. Jede Sendung behandelte ein bestimmtes Problem. Angesichts der uns Deutschen vom Ausland attestierten Wehleidigkeit war zu erwar-

ten, daß die Probleme für einige Jahre reichen würden. Was kam da nicht alles zur Sprache: Ozonloch, Rinderwahnsinn, Schulnöte, Beamtenprivilegien, Sondermüll, Waldsterben, Schmiergeldaffären, Tempolimit, Bierpreiserhöhung und so weiter.

Zwei Pärchen traten in der ›Kummerkiste‹ auf. Das erste, Kummeronkel und Kummertante genannt, mimten Schauspieler, die dem Publikum als Appetitzügler bestens bekannt waren. Sie trugen die in Bild und Ton gespeicherten Kümmernisse unserer Landsleute wahrhaft herzbewegend vor.

Da es die löbliche Absicht der ›Kummerkiste‹ war, Ängste nicht zu schüren, sondern zu lösen, erschien im zweiten Teil der Sendung das Mutmacherpärchen, meistens Fachleute, von denen man hoffte, daß sie nicht nur Optimismus, sondern auch telegenen Charme versprühten. Moderiert wurde die ›Kummerkiste‹ von einer distinguierten Frühfünfzigerin, Irene Schigolch-Meckenheim.

Für jene Sendung, die den schwarzen Peter zum Hecht im klerikalen Karpfenteich machen sollte, hatte sich der verantwortliche Redakteur erstmals an ein religiöses Thema gewagt: ›Verdunstung des Glaubens‹. Er hoffte, als Mutmacher katholischerseits einen jener drei Bischöfe zu gewinnen, welche die Verdunstungsformel geprägt haben wollten. Zwei signalisierten auch grundsätzliche Bereitschaft. Als sie aber erfuhren, als Mutmacherin werde ihnen die jüngste evangelische Bischöfin zugesellt, entschuldigten sie sich – zwar nicht wie die Eingeladenen im Evangelium: ›Ich habe ein Joch Ochsen gekauft‹ oder ›Ich habe ein Weib genommen‹, sondern mit ›wichtigeren Terminen‹. Auch andere Oberhirten lehnten es ab – angeblich auf einen Wink aus der Nuntiatur –, ihrer von der Verdunstung bedrohten Herde einen tröstlichen Ausblick auf saftige Weidegründe zu eröffnen. Aus der Professorenschaft boten sich sofort die profilsüchtigen Außenseiter an, von Weinacher bis Bibermann. Doch die lehnte wie-

derum der Redakteur ab. »Bitte nicht die schon wieder!«
Auch der Weiße Hai, obwohl er höchstpersönlich den Wink des Nuntius an die Bischöfe veranlaßt hatte, bewarb sich um den Auftritt in der ›Kummerkiste‹, von unstillbarem Hunger nach Publicity getrieben. Er legte, ein bißchen naiv, seinem Schreiben nicht nur eine Liste seiner Titel und Ehrenämter, sondern auch ein Porträtfoto bei. Frau Schigolch-Meckenheim musterte es kurz, schüttelte den Kopf und erklärte kategorisch: »Zu klerikal, entschieden zu klerikal! Und verklemmt dazu. Da hätten wir ja gleich den Großinquisitor einladen können.«
»Weißt du vielleicht einen besseren Kandidaten? Hast du mir nicht kürzlich von dem ersten farbigen Priester Deutschlands vorgeschwärmt, der das ›Wort zum Sonntag‹ sprach?«
»Ein hinreißender Typ, sag ich dir. Klar! Daß ich nicht gleich darauf gekommen bin. Wirkte durchaus priesterlich, aber überhaupt nicht klerikal.«
»Das scheint für dich das Wichtigste zu sein.«
»Natürlich, sonst laufen uns die Leute schon nach fünf Minuten aus dem Studio.«
»Kann er auch reden, dein geistlicher Modellathlet?«
»Geistvoll und gewandt, sag ich dir.«
»Worüber sprach er denn?«
»Weiß ich nicht mehr genau. Aber er sah blendend aus!«
Einen Fehler hatte Peter freilich doch in den Augen der Moderatorin: Er war kein Würdenträger mit goldenem Brustkreuz, violettem Talar und edelsteingeschmückter Mitra. Sie hätte sich zu gern einmal in hochwürdigster Umgebung gesonnt.
Zwei Anrufe bei der ARD genügten, um Peters Telefonnummer zu erfahren. Der Redakteur ließ sich sofort mit ihm verbinden. Peter sagte nach kurzem Bedenken ja. Er war es gewohnt, für andere einzuspringen; allerdings hatte es sich bei diesen anderen bisher noch nie um

Bischöfe gehandelt. Er wunderte sich nur, daß sein eigener Bischof das Angebot des Fernsehens ausgeschlagen hatte; er badete doch sonst recht gern in der Lichterflut eines Fernsehstudios.
Viel Vorbereitung brauchte Peter nicht. Das landesübliche Lamento über die Kirche war ihm längst bekannt: Pflichtzölibat, Kirchensteuer, Sexualmoral, römischer Zentralismus, Machtstreben, Reichtum, Frauenfeindlichkeit – wie oft hatte er darüber nicht schon diskutiert; da würde ihn kaum eine Frage umwerfen! Und was die Zukunft betraf, nun, da glaubte er, einige neue Pfeile im Köcher zu haben.
Kavalier, wie er war, überließ er die ersten Entgegnungen und Ermutigungen seiner Partnerin von der anderen Fraktion. Sie war, leider, keine Dame im Bischofsrang, wie angekündigt – die Bischöfin hatte auch ›ein Joch Ochsen‹ vorgeschützt –, sondern eine Oberkirchenrätin, freilich nicht irgendeine, sondern jene, die von ihrer Landeskirche als nächste Bischöfin vorgemerkt war. Bei den Evangelen sind derartige Beförderungen ja nie geheimste Kommandosache wie bei uns, dachte sich Peter.
Die Oberkirchenrätin erblickte einen sehr wichtigen Grund für die Flaute in den Kirchen und die Verdunstung des Glaubens im Konsum. Das sei der neue Götze, dem gehuldigt und geopfert werde, gewissermaßen der von Jesus beklagte Mammon in modernem Outfit. Was kein Nero, kein Diokletian, kein Islam und keine Aufklärer, kein Hitler und kein Stalin geschafft hätten, das scheine dem neuen Götzen zu gelingen: das Christentum aus den Angeln zu heben. Doch das scheine nur so. Eines Tages werde auch dieser Götze seine Anbeter und Anhänger enttäuschen. Wie sollte er ihnen auch helfen, wenn die konsumverwöhnte Gesellschaft durch soziale Konflikte, Umweltzerstörung und organisierte Kriminalität in Turbulenzen gerate? Freilich dürfe man die apokalyptischen Reiter nicht herbeiwünschen, Krieg, Hunger, Pest und Tod, nur damit sich die Kirchen wieder füllten! Viel-

leicht würden die Menschen auch ohne Katastrophen des blanken Konsumierens überdrüssig und nach stabileren Fundamenten für ihr Leben suchen. Die Oberkirchenrätin, kanzelerprobt und gesprächskundig, erntete für ihre offenen Worte viel Applaus.
Dann war es an Peter, Optimismus und Zuversicht zu verbreiten. Sollte ihm das bei den Zuschauern vor dem Bildschirm genausogut gelungen sein wie beim Publikum im Studio, durfte er sich selber auf die Schulter klopfen. Dank seiner Sachkenntnis, seiner Schlagfertigkeit und seines Humors hatte er auch die skeptischen Stirnrunzler in der ersten Reihe für sich gewonnen. Nur ganz wenige rührten keine Hand zum Beifall, und zweimal ertönte ein klägliches Buh. Kurzum, eine bessere Figur hätte er kaum machen können, meinten Frau Schigolch-Meckenheim und der Redakteur, der ihn und die Oberkirchenrätin anschließend zu einem Schampus in die Bar einlud. Als Peter lange nach Mitternacht in seine Kissen sank, wärmte ihn das selige Gefühl, Mutter Kirche als braver Sohn einen guten Dienst erwiesen zu haben.

Endlich kam Charly zurück; triumphierend schwenkte er die Videokassette in der Hand.
»Die vollständige Sendung kannst du dir zuhause allein anschauen«, sagte Peter. »Mir geht es jetzt nur um die letzte Viertelstunde, da, wo die Moderatorin – sie schien mir übrigens sehr gewogen zu sein – mich fragte, wie man meiner Meinung nach das gesunkene Ansehen der Kirche wieder anheben könnte.«
Charly fand die Stelle rasch. Was hatte Peter auf die Frage geantwortet?
»Ist es nicht paradox? Unsere Kirche – vor allem in ihren Führungsriegen – ist so brav wie seit Jahrhunderten nicht mehr. Trotzdem verliert sie an Ansehen und Einfluß.«
Die Moderatorin hakte nach: »Wie meinen Sie das: brav wie seit Jahrhunderten nicht mehr?«
»Nun, sehen Sie, wo finden wir heute Bischöfe, die ihr

Vermögen auf Jagden und Gelagen verprassen, wo römische Nuntien, die Klöster versteigern, um ihre Spielschulden zu bezahlen, wo Kardinäle, die einen gutsortierten Giftschrank besitzen und ihn auch benützen, wo Päpste, die sich in der Engelsburg verschanzen, damit sie von den aufgebrachten Römern nicht gelyncht werden? Hat es das nicht alles in der Renaissance und im Barock gegeben? Wo ziehen heute Horden betrunkener und lüsterner Bettelmönche durch die Straßen wie im Mittelalter? Wo wird zum Kreuzzug gegen Andersgläubige aufgerufen? Wer wird heute noch mit Waffengewalt zur Taufe gepreßt, als Ketzer verteufelt oder als Hexe verbrannt? Die verhaßte Inquisition ist genauso auf dem Scheiterhaufen der Geschichte gelandet wie der Index der verbotenen Bücher. Und wo früher Bannflüche geschleudert wurden, spielt man heute Pingpong. Heute laden die Päpste Wissenschaftler und Journalisten ein, nicht Lebedamen und Lebemänner wie Alexander VI. Sie stellen sich auch nicht in voller Kriegsbemalung an die Spitze ihrer Soldateska wie Julius II., sondern an die Spitze weltweiter Friedensaktionen. Und für jede längst vergessene Missetat klopfen sie sich immer wieder an die Brust und sprechen: Mea culpa, mea culpa, mea culpa.«

Die Moderatorin übersetzte das fürs Publikum und wandte sich dann wieder an Peter: »Und diese Bravheit, meinen Sie, zahlt sich nicht aus?«

»Bisher nicht. Doch deswegen schlage ich nicht vor, zu Giftschränken, Kurtisanen, Inquisition und Hexenhammer zurückzukehren.«

»Was schlagen Sie dann vor, um den Exodus der Gläubigen zu stoppen? Dasselbe wie die deutschen Bischöfe? Die machten doch vor einigen Jahren einige Millionen Mark für Werbezwecke locker. Soviel ich weiß, wurden teure Profis engagiert. Von Erfolgen hörte ich aber bisher nichts. Ich kann mir freilich auch nicht vorstellen, wie Plakate und Werbespots à la ›Probier's mal wieder mit dem lieben Gott!‹ die Leute in die Kirche zurücklocken könnten.«

»Ich auch nicht. Glauben Sie mir: Die älteste Methode der Kirche dürfte auch heute die beste Werbung sein. Im ersten Jahrhundert breitete sich das Christentum in unwahrscheinlicher Geschwindigkeit über das Mittelmeergebiet aus, nicht weil die Mission zentral gelenkt, programmatisch ausgereift und finanziell abgesichert war ...«

»Sondern?«

»Sondern weil der Kaufmann seinem Kunden oder der Kunde seinem Kaufmann, die Sklavin ihrer Herrin oder die Herrin ihrer Sklavin, der Soldat seinem Kameraden, der Hafenarbeiter seinem Kumpel, der Liebhaber seiner Freundin voller Begeisterung erzählte, was für einen neuen Menschen die Taufe aus ihm gemacht hatte, einen freien, erlösten Menschen, der sich mit allen Brüdern und Schwestern in Christus verbunden fühlte. Das war es, was die Neugier der Heiden weckte.«

»Mundpropaganda also.«

»Nicht nur Mundpropaganda, Augenpropaganda vor allem! Die Heiden stellten nämlich fest, wie sich dieses neue Leben öffentlich auswirkte: in einer Solidarität mit Armen, Kranken, Witwen und Waisen, wie sie die antike Welt vorher nicht gekannt hatte.«

»Reklame der leisen Art also, aber wirksam.«

»Wirksamer als jede Reklame der lauten Art von der Massenpredigt bis zum Werbespot! Wie eine solche den Sympathiewert für die Kirchen erhöhen soll, bleibt mir schleierhaft. Lassen Sie mich wiederholen: Das erste Erfolgsrezept der jungen Kirche war ihre brüderliche Solidarität ...«

»Und schwesterliche, bitte!«

»Pardon, und schwesterliche. Die sogar in besonderem Maße; denn die meisten Christen, die diese Solidarität übten, waren Frauen. Das zweite Erfolgsrezept war Überzeugungstreue während der Verfolgungen. Ein renommierter Autor aus dem 2. Jahrhundert, Tertullian, prägte den Slogan: Sanguis martyrum semen christianorum – das Blut der Märtyrer ist der Samen der Christen. Oder biblisch ausgedrückt: Wenn das Weizenkorn nicht in die Erde fällt und stirbt, bringt es keine Frucht.«

»Wollen Sie damit sagen: Wenn die Christen sich nicht wieder zu ihrer urchristlichen Solidarität, dem Erfolgsrezept Nummer eins, aufraffen können, bleibt nur das zweite übrig: eine neue Verfolgung? Oder etwas paradox formuliert: durch mehr Antipathie zu mehr Sympathie?«

»Mein Kompliment, gnädige Frau. Ihr Slogan ist dem Tertullians ebenbürtig.« Frau Schigolch-Meckenheim strahlte. »Verfolgung ist natürlich in vielerlei Formen möglich: Spott, Mißachtung, Verhöhnung, Haß, offene Feindschaft, brutale Unterdrückung bis hin zu blutigem Terror.«

»Das wollen Sie aber doch hoffentlich nicht mit den Millionen Ihrer Bischöfe finanzieren?« rief die Moderatorin verblüfft aus.

»Das kommt von selber, wenn Gott es zuläßt – oder für notwendig erachtet. Wissen Sie, es gibt, wie eben angedeutet, auch unblutige, ja gewaltfreie Methoden der Verfolgung. Einige sind uns, auch hier in Deutschland, seit längerem vertraut. Man läßt die Massenmedien über kirchliche Personen, Standpunkte und Ereignisse nicht objektiv, sondern süffisant und hämisch berichten, verschweigt das Positive, bauscht das Negative auf, veranstaltet öffentliche Tribunale über jeden Bischof oder Priester, der sittlich entgleist, und heizt so eine kirchenkritische, ja kirchenfeindliche Stimmung an. Bald werden Geistliche und Nonnen angepöbelt, christliche Symbole unter dem Deckmantel künstlerischer Freiheit ungestraft verhöhnt, Kreuze umgeworfen, Gotteshäuser geschändet. Was meinen Sie: Sollten bei uns einmal nicht nur faule Eier gegen Bischöfe, sondern Brandsätze in katholischen Heimen und Kindergärten gezündet werden – ob dann unsere Landsleute auch so betroffen sind, daß sie Lichterketten bilden und Mahnwachen halten von Flensburg bis Berchtesgaden, wie vor Jahren bei Verwüstungen von Asylantenheimen?«

»Ich hoffe es«, sagte die Moderatorin. »Opfer von Gewalt verdienen immer unser Mitgefühl, ob es nun Ausländer oder Christen sind.« Ein Teil des Publikums klatschte Beifall.

»Ich hoffe es auch«, sagte Peter. »Selbst Zeitgenossen, die den Vatikan am liebsten auflösen würden, wären wohl erschüttert, wenn Terroristen ihn besetzen, die Sixtinische Kapelle anzünden, die Kardinäle als Geiseln nehmen und den Heiligen Vater niederschießen würden.«

Hier wurden Stimmen des Unmuts hörbar. Jemand rief: »Das wurde ja schon einmal ausprobiert, nur geholfen hat es Ihrer Kirche nicht!« Zwei, drei böse Lacher, ein Dutzend Zischer, sonst betretenes Schweigen und fragende Blicke auf Peter. Und ein klägliches Buh.

(»Ich hätte da unbedingt reagieren müssen«, sagte er zu Charly, »aber wie? Mir fiel im Augenblick nichts ein. Gottlob leistete mir die Moderatorin, obwohl auch sie leicht irritiert war, seelischen Beistand.«)

»Und wer soll Ihrer Meinung nach, diese – hm, sagen wir mal, unorthodoxe Sympathiewerbung für die Kirche betreiben?«

»Kandidaten gibt es jede Menge: Rechts- oder Linksradikale, Drogenkartell und Mafia, Fundamentalisten und Terroristen jeder Couleur. In manchen Ländern laufen schon die Schuljungen mit der Kalaschnikow herum. Mit der Schweizergarde würden sie spielend fertig.«

»Aha, Sie meinen also, jene Millionen für kirchliche Imagepflege legt man am besten – auf Umwegen natürlich und unter absoluter Geheimhaltung – bei Terrororganisationen an, um sie zu Attacken auf kirchliche Einrichtungen und Würdenträger anzustiften?«

»Das meine nicht ich, das mutmaßen Sie!« widersprach Peter.

»Sandkastenspiele der Phantasie, einem Father Future, wie man Sie schon einmal nannte, dürfte dergleichen nicht fremd sein.«

»Danke für das Kompliment. Darf ich es erwidern?« Die

Moderatorin nickte erwartungsvoll. »Sie appellierten an meine Phantasie. Nun, unser Gespräch hat mich auf eine Idee gebracht, die vielleicht die Zustimmung unserer Zuschauer finden dürfte. Man sollte den Fernsehzuschauern einmal das Auf und Ab der Kirche im Laufe ihrer zweitausendjährigen Geschichte anschaulich aufzeigen, vor allem den Zweiflern und Mißvergnügten unter ihnen, biblisch Kleingläubige genannt.
Frau Schigolch-Meckenheim begriff sofort. »Das heißt konkret: Episoden aus Epochen, in denen es der Kirche noch viel schlechter ging als heute?«
»Jawohl, Epochen, in denen man auf ihr vermeintliches Ende starrte, wie das Kaninchen vor der Schlange, und deshalb nicht merkte, wieviel neues Leben in ihr erwachte.«
»Das könnte eine hochinteressante Serie ergeben! Eine Serie aus der Kirchengeschichte wurde meines Wissens noch nie produziert. Und Sie würden also solche tröstlichen Rückblicke mit den Millionen der Bischöfe finanzieren?«
»Sie wären beim Fernsehen sicher besser eingesetzt als bei Terroristen. Nur bin ich der Letzte, der über sie verfügen kann.«
»Mit einer Mitra wäre es leichter, nicht wahr? Hören Sie, wenn anstelle des Papstes unser Publikum derartige Kopfbedeckungen zu vergeben hätte ...«
»... erhielten Sie als erste Frau einen Kardinalshut«, konterte Peter, »der Ihnen auch ausgezeichnet stehen würde.« Starker Applaus und wieder das einsame klägliche Buh.
»Hoffen wir, daß etwas daraus wird!« sagte die Moderatorin schmunzelnd. »Ich meine natürlich aus der Fernsehserie ... Fragen wir doch gleich einmal nach: Wer hätte Interesse an solchen Rückgriffen auf den Fundus der Kirchengeschichte?« Mehr als drei Viertel hoben den Arm. »Sie sehen, das Interesse ist enorm. Um die nötigen Einschaltquoten müßten wir nicht bangen. Wie wäre es mit dem Titel TATORT VATIKAN?«

»Der würde zwar eine Menge Leute vor den Bildschirm locken, wäre aber zu eng und zu einseitig. Krisen wurden keineswegs immer vom Vatikan verursacht, wie viele meinen. Häufig wurden sie dort gar nicht bemerkt. Auch TATORT KIRCHE paßt nicht. Es ist ja nicht an eine Krimiserie gedacht.«
»Nun, bis der Pilotfilm gedreht wird, fließt noch viel Wasser den Rhein und den Tiber hinunter.« Sie blickte auf die Uhr. »Nur uns läuft jetzt die Zeit davon. Darum die letzte Frage, wie immer am Ende der Sendung, eine scherzhafte Frage aus dem Publikum. Kummertante hat sie ausgewählt und liest sie jetzt vor.«
Kummertante las: »Bessere Zusammenarbeit der christlichen Konfessionen würde das Ansehen aller Kirchen stärken. Nun frage ich: Gesetzt den Fall, Sie beide, Oberkirchenrätin und Pfarrer, steigen demnächst zu bischöflichen Würden auf. Würden Sie dann zusammen ökumenischen Urlaub machen?« Im Publikum kicherte es, die Oberkirchenrätin hielt sich ein Schnupftüchlein vor den Mund. Peter überlegte nicht lange: »Zu unserem Goldenen Bischofsjubiläum ohne weiteres, nicht wahr, Frau Kollegin?« Peter blinzelte ihr fröhlich zu; sie blinzelte weit weniger fröhlich zurück. Kam sie sich veralbert vor? Im Publikum rief jemand: »Hochzeitsnacht im Paradies!«
Als wieder Ruhe eingetreten war, bat die Moderatorin um ein kurzes Schlußwort. Peter hatte eins parat: von Martin Luther. Das hellte die Miene der Oberkirchenrätin wieder auf.
Dann war die Sendezeit um. Irene Schigolch-Meckenheim verteilte noch die üblichen Komplimente und Küßchen. An Peter auch? Auf dem Bildschirm nicht, vielleicht danach.

»Nun, Charly, war das anstößig?«
»Meiner Meinung nach nicht, höchstens für jemand, der nur mit halbem Ohr zugehört hat. Du hast keine Autorität angegriffen, hast weder die Progressiven gereizt noch

die Konservativen beleidigt, höchstens beide ein wenig gekitzelt. Wessen Humor noch nicht ganz verdunstet ist, mein lieber Peter, der kann dir eigentlich nicht böse sein, außer er war es vorher schon wie der Weiße Hai. Nur die Ruhe bewahren, geschehen ist geschehen!«
Peter begab sich in sein Büro, nicht lange und Charly meldete sich am Telefon. »Peter, der Chef persönlich!«
»Ist der nicht zu einer Beerdigung gefahren?«
»Ja sicher. Doch er hat eine Autopanne und sitzt irgendwo fest. Ich übergebe.«
Peter nahm den Hörer und meldete sich. »Hier Schwarz. Sie haben eine Panne, sagte mir Charly. Sollen wir Sie holen?«
Ein kurzes oberhirtliches Knurren. »Mann Gottes, Peter! Lassen Sie meine Panne aus dem Spiel; die ist in zehn Minuten behoben. Denken Sie an Ihre Panne, die womöglich in zehn Monaten noch nicht behoben ist. Was haben Sie da vorgestern abend nur für Dummheiten verzapft in diesem ›Kummerkasten‹ oder wie das heißt. Ich selber habe diese Sendung nicht gesehen, ich hatte Besseres zu tun.« (Peter wußte auch, was das war: das Fußball-Länderspiel. Fußball ließ sich Seine Exzellenz niemals entgehen.) »Doch was mir gestern zu Ohren kam, klingt ungeheuerlich, und heute prangen Sie im SPOT auf der Titelseite! In aller Frühe schon schneite mir ein Telefax vom Weißen Hai ins Haus: Sie hätten zu Terrorakten gegen Papst und Kardinäle aufgefordert und Bombenanschläge auf Nonnenklöster empfohlen. Mann Gottes, was ist daran wahr? So reden Sie doch, oder hat es Ihnen die Sprache verschlagen?«
»Es handelte sich um Vorschläge zur Verbesserung des Ansehens unserer Kirche.«
Die Stimme des Bischofs kletterte so hoch, als müßte er der aufmüpfigen katholischen Jugend eine Standpauke halten: »Und das wollen Sie mit einem Massaker im Vatikan erreichen?«
»Beruhigen Sie sich bitte! Manche Leute verstehen of-

fenbar keine Ironie mehr. Ich kann Ihnen eine Videokassette der Sendung hinüberschicken.«

»Unbedingt. Sie muß auf meinem Schreibtisch liegen, wenn ich am Spätnachmittag zurück bin. Sonst schaltet Ihr Intimfeind die Nuntiatur ein und alarmiert den Heiligen Stuhl. Sie wissen so gut wie ich, wie empfindlich man dort auf alles reagiert, was ungefiltert über die Alpen dringt.«

»Wer weiß das nicht?«

»Wenn es schon um das Ansehen der Kirche ging, hätten Sie auf den heroischen Einsatz vieler Ordensleute hinweisen sollen. Wer hilft den Ärmsten von Bogota bis Bangladesch? Nicht nur Mutter Teresa, sondern viele Ordensfrauen und Ordensbrüder. Sonst niemand! Das würde in die Sendereihe passen, die Sie angeblich angeregt haben. Übrigens« – die Stimme klang jetzt etwas sanfter – »finde ich diesen Vorschlag nicht übel. Wichtig ist nur, daß die Sache nicht in die Finger von Leuten gerät, die Öl ins Feuer unserer Feinde gießen ...«

»Ich hoffe, Sie meinen damit nicht mich!« Peter wartete auf ein kurzes Lachen am anderen Ende der Leitung. Vergeblich, Exzellenz knurrte nur: »Lassen Sie Ihre Scherze! Daß Sie nicht Öl ins Feuer schütten wollen, ist mir klar. Nur sollten Sie mit ihren spontanen Äußerungen vorsichtiger sein. Zum Schluß Ihrer, hm, Darbietungen haben Sie angeblich Luther zitiert, wahrscheinlich: ›Hier stehe ich und kann nicht anders‹. Finden Sie das nicht selber ein bißchen überzogen? Sie hätten ja durchaus anderes zitieren können.«

»Entschuldigung, ich habe einen anderen, weniger bekannten Ausspruch Luthers zitiert. Auch Sie werden ihn gutheißen, wenn Sie ihn hören: ›Nicht wir sind es, die die Kirche erhalten. Unsere Väter waren es auch nicht. Unsere Kinder werden es auch nicht sein. Sondern jener erhält die Kirche, der gesagt hat: Siehe, ich bin bei euch alle Tage bis ans Ende der Welt.‹ War das ein Mißgriff?«

Wieder ein oberhirtliches Knurren. »Vom Text her

nicht, nur vom Verfasser. Mann Gottes, mußte es unbedingt Luther sein?«

»Der letzte Satz ist Originalton Jesus Christus, Exzellenz.«

Ein letztes Knurren. »Ist mir bekannt. Ach, Peter, Sie sind unverbesserlich. Und darum werde ich Sie auch diesmal verteidigen müssen. So, die Panne scheint behoben, ich kann weiterfahren. Morgen sehen wir uns! Adios!«

Das Gespräch war beendet. Peter kratzte sich hinterm Ohr. Der brave Bischof Konrad! Hoffentlich geriet er nicht selber in die Schußlinie, wenn er ihn schützen wollte. Er hatte in den letzten Monaten genügend Ärger mit der Nuntiatur, seit der Weiße Hai dort sein Unwesen trieb.

Es folgten noch mehrere Anrufe an diesem Vormittag. Ein überaus frommer Kurskollege, leider hängengeblieben auf der untersten Stufe der Hierarchie, näselte salbungsvoll: »Mir war deine Priesterweihe schon immer ein Mysterium.« Ein forscher Laie schnauzte ihn an: »Halten Sie Ihr Maul, und das Ansehen der Kirche steigt von selber wieder, Sie mieser Mulatte!« Was es doch für Giftspritzen im eigenen Lager gab! Es fehlte aber auch nicht an ermunternden Worten. Eine Äbtissin lud ihn ein, Exerzitien für ihre Nonnen zu halten, ein Studentenverband wünschte mit ihm zu diskutieren, und ein Kapuzinerprovinzial schlug ihn zum Ordensmitglied honoris causa vor. Oder hatte er humoris causa gesagt?

»Gespannt bin ich, ob sich morgen die seriöse Presse äußert«, meinte Charly.

»Wahrscheinlich gar nicht. Oder hast du schon mal eine Kritik über die ›Kummerkiste‹ gelesen? Ich nicht.«

Die seriösen Zeitungen äußerten sich aber doch, ebenso die Wochenblätter und die Magazine. Die Überschriften reichten von ›Ermunterndes aus Priestermund‹ bis zu ›Postchristliche Horrorshow‹. BOULEVARD nannte ihn einen ›schwarzen katholischen Sonnyboy, der sich von den bleichen klerikalen Gruftis vorteilhaft abhebt‹. Das

Infoblatt KIRCHE GANZ UNTEN knüpfte an Frau Schigolch-Meckenheim an und fragte: ›Father Future, der Bischof der Zukunft?‹
»Hoffentlich kommt das alles dem Weißen Hai vor Augen, dann fallen ihm vor Wut die Zähne aus«, meinte Charly boshaft.
Noch zwei, drei Tage meldeten sich Anrufer aus beiden Lagern, dann ebbte die Aufregung ab. Vier Tage später – der Bischof hatte sich beruhigt, ja sogar amüsiert, die Nuntiatur ihre Bedenken nach Rom weitergeleitet, der Weiße Hai eine interne Diskussion über den ›Fall Schwarz‹ gefordert – flatterte eine Ansichtskarte aus Peters altem Studienort in seinen Briefkasten, worauf geschrieben stand: »Gratuliere Dir zum heilsamen Wirbel! Bevor Dir der Humor vergeht, schau bei mir vorbei. Dein Emeritus.«
Der Emeritus!
So pflegten Peter und seine Kommilitonen Professor Schwaighofer, seinerzeit Ordinarius für Kirchengeschichte, zu nennen, weil er als einziger der emeritierten Theologieprofessoren im Priesterseminar wohnte und am gemeinsamen Leben teilnahm, angefangen von der heiligen Messe am Morgen bis zur Unterhaltung am Abend. Er liebte es nun einmal, mit wissensdurstigen jungen Leuten zusammenzusein – auch wenn sie manchmal nur durstig waren. Seine kleine Wohnung galt als refugium peccatorum, als Zufluchtsort der Sünder, und wurde von den jungen Theologen besonders gerne nach einem Festtagsmahl aufgesucht, das man ohne ein Verdauungsschnäpslein kaum überlebt. Irischen Whiskey hatte der Emeritus immer auf Lager. Seiner Meinung nach war Whiskey, was im Altirischen Lebenswasser bedeutet, die katholischste Form konzentrierten Alkohols und Gott weit wohlgefälliger als die diversen ›Klostergeister‹. Er gebrauchte ihn als Mehrzweckwaffe gegen Krankheiten aller Art. Nur bei Hexenschuß half er leider nicht.
Als er wieder einmal heftig davon geplagt wurde und sich

nicht mehr bücken konnte, um die Socken und die Schuhe anzuziehen, rief er seinen Nachbarn zu Hilfe. Das war zufällig – oder richtiger: durch Gottes liebevolle Fügung – der schwarze Peter, damals noch ein ›Frischling‹ im Priesterseminar. So hatten sie sich näher kennengelernt, vor allem seit zum Anziehen noch das Ausziehen kam und Peter ihm abends die Füße wusch. Der Emeritus revanchierte sich für diese Samariterdienste, indem er alle vier Wochen Peter in den ›Erbprinz‹ zum Essen einlud. Als schönsten Lohn für seine Tätigkeit als Kammerdiener empfand Peter jedoch die ausgiebigen Gespräche nach der abendlichen Fußwaschung, wenn der Emeritus aus seinem eigenen Leben und aus seinen speziellen Forschungsgebieten erzählte.

Nach der Priesterweihe hatte er seinen Mentor nur noch selten getroffen. Die ersten Seelsorgsposten lagen weitab von der Bischofsstadt. Trotzdem: Zu einem jährlichen ›Gipfeltreffen‹ reichte die Zeit fast immer, und zwar am 2. April, dem Namenstag des Emeritus: Franz de Paola. Dieser kalabresische Heilige hatte im 15. Jahrhundert den Bettelorden der Minimi gestiftet, später Paulaner genannt – ein Name, bei dem man heute nur noch an ein berühmtes Bier, aber nicht mehr jene Bettelmönche denkt, die sich von Fastenspeisen und Wasser ernährten. Dem Emeritus wäre als Namenspatron der Apostel Irlands, Sankt Patrick, lieber gewesen. Wir ahnen schon, warum, und werden es später noch genauer erfahren.

Zu seiner Promotionsfeier hatte Peter seinen alten Freund natürlich eingeladen. Der bedauerte, ablehnen zu müssen; er hatte eine Reise ins Heilige Land gebucht, »meine erste und vermutlich meine letzte«, wie er schrieb. »Am Tage Deiner Promotion schwimme ich voraussichtlich im Toten Meer. Wie Du weißt, kann man in dieser Salzlösung nicht untergehen, selbst wenn man es möchte. Da bete ich für Dich – im Anblick der Berge von Juda und Moab –, daß Du Deinen Kopf immer über Wasser behältst, auch wenn einmal eine Mitra darübergestülpt werden sollte.«

Zu diesem Emeritus also machte sich Peter auf. Er wohnte noch immer im Priesterseminar. In seinem Arbeitszimmer sah es aus wie früher: dieselben Regale, nur mit noch mehr Büchern. Der von Manuskripten und Zeitschriften übersäte Schreibtisch verriet, daß Franz de Paola sich auch als hoher Achtziger von der Wissenschaft nicht trennen konnte. Daß er auch seinen Lebensstil nicht mehr ändern wollte, bewiesen der dichte Qualm von Pfeifenrauch unterm Lampenschirm und das Glas Lebenswasser, das er ihm zur Begrüßung kredenzte.
Nach kurzem Geplauder über die ›Reize des Alters‹, die auch den sonst so rüstigen Emeritus nicht verschonten, kam dieser zur Sache. »Ich habe deinen Auftritt in der ›Kummerkiste‹ miterlebt. Du hast dich wacker gehalten. Doch was deine Vorschläge betrifft, melde ich Zweifel an. Bomben in kirchliche Heime, Kidnapping im Vatikan und so weiter, Lichterketten des Mitgefühls und der Solidarität – ob diese Rechnung aufgeht? Da gefiel mir der andere Vorschlag eigentlich besser: Steckt eure Werbemillionen in eine Fernsehserie, die das Auf und Ab in der Geschichte der Kirche zeigt. Warum sollen die Leute nicht wissen, daß die Lage oft viel trostloser war als heute? Und daß es nach jedem Niedergang einen neuen Anfang gab? Greift in den Fundus der Geschichte, und ihr werdet fündig werden!«
Peter mußte lächeln. »Ihre alte, bewährte Maxime, Herr Professor. Doch wer verfügt über die nötigen Kenntnisse und über die Fähigkeit, sie in einem fernsehgerechten Drehbuch unterzubringen? Wer könnte uns Vorlagen und Entwürfe liefern? Die üblichen Krimiautoren und Serienschreiber bestimmt nicht.«
»Aber vielleicht ein Emeritus der Kirchengeschichte.« Schwaighofer stieß eine dichte Rauchwolke aus.
»Sie selber?«
Der Professor nickte. »Warum nicht?«
»Wissen Sie, was das für Arbeit bedeutet?«
»Die Arbeit ist bereits getan, mein Bester.«
Peter musterte ihn mit unverhohlener Skepsis, was der

Emeritus der Rauchwolke wegen nicht bemerken konnte. Litt er etwa doch schon an senilen Ausfall- und Einfallerscheinungen? »Sie haben wirklich Drehbücher verfaßt?«

»Drehbücher natürlich nicht, aber Texte, die als Vorlage dienen könnten, hauptsächlich Dialoge.« Und dann erzählte der Meister dem verblüfften Schüler, wie er dazu gekommen war.

»Es war im Sommer 1940, Hitler auf der Höhe seiner Macht, Polen niedergeworfen, die Engländer aus Norwegen verjagt, Holland, Belgien und Frankreich in wenigen Wochen überrollt. Eine Erfolgsmeldung jagte die andere. Für mich als jungen Doktoranden der Kirchengeschichte bedeutete freilich jede Erfolgsmeldung eine Hiobsbotschaft. Selbst die standhaftesten Katholiken fürchteten um die Zukunft der Kirche in Deutschland. Nicht weil der Glaube ›verdunstete‹. Nein, die Kirchen waren voll, Priesterseminare und Klöster hatten keinen Grund, über ausbleibenden Nachwuchs zu klagen, auch wenn es schon Überläufer in die Reihen der Sieger gegeben hatte. Was würde aber passieren, wenn Hitler nach seinem Endsieg zum tödlichen Schlag gegen die Kirchen ausholte? Das mußte keine blutige Verfolgung werden wie zu Neros Zeiten. Im Laufe der Geschichte hatten die Feinde der Kirche längst raffiniertere Mittel erfunden und ausprobiert, um keine Märtyrer zu schaffen: höhere Steuern für Gläubige, Berufsverbote, Beförderungsstopp, Ausschluß der Kinder von höheren Schulen zum Beispiel. Was glaubst du, warum der christliche Orient innerhalb weniger Generationen islamisch wurde? Weil Christen hart besteuert wurden, Moslems dagegen nicht. Kein Wunder, daß sich die Kirchen leerten und die Moscheen füllten! Ich habe damals einen Aufsatz zu diesem Thema verfaßt; im Dritten Reich durfte er nicht veröffentlicht werden. Der intelligente Leser hätte sofort Parallelen zur Gegenwart gewittert. Ja, mein Junge, der Blick in die Zukunft war zappenduster, als Trost blieb mir der Blick in die Vergangenheit. Und da war ich auf

Grund meiner Wissenschaft Gott sei Dank seit langem zuhause. Ich fragte mich: Wann hat es für die Kirche ähnliche Situationen gegeben? Ihre fetten Jahre interessierten mich nicht, Jahre des Triumphes und der ungestümen Expansion. Die mageren Jahre, Zeiten der Unterdrückung, Zeiten des Niedergangs, Zeiten des Umbruchs, beschäftigten meinen Geist. Und so griff ich zur Feder und schrieb ein paar Schulhefte voll. ›Geschichten aus der Geschichte‹ hätte ich das Büchlein getauft, wenn es erschienen wäre, oder auch ›Arzeney für Mißvergnügte‹. Ein bißchen altertümlich sollte es klingen. Es wurde aber nie gedruckt, und ich hatte es längst vergessen, bis mich dein Auftritt in der ›Kummerkiste‹ daran erinnerte.«
»Aber warum wurde es nicht gedruckt? Nach dem Zusammenbruch des Dritten Reiches wäre das doch möglich gewesen«, sagte Peter.
»Möglich sicher, aber kaum noch zeitgemäß. Nach dem verlorenen Krieg kehrten viele verlorene Schafe von selber zur Herde zurück. Man hatte es ja am eigenen Leib erfahren, in welche Katastrophe es führt, wenn die Führer eines Volkes sich von Gott abwenden. Wen hätten da meine Skizzen aus scheinbar hoffnungslosen Zeiten interessiert? Außerdem fehlte meinen Geschichten jeder wissenschaftliche Charakter. Kein kritischer Apparat, keine Quellenangaben. Die einzige Quelle sprudelte hier.« Der Emeritus deutete erst auf den Kopf, dann auf die Brust und schließlich auf den Bauch, unschlüssig, auf welchen Körperteil er sich festlegen sollte. »Ich meine die Phantasie. Leider weiß ich nicht, wo sie zu lokalisieren ist. Vielleicht doch im Kopf, was meinst du?«
Peter lachte. »Vermutlich unter der Stirn. Damit sie von der Muse wachgeküßt werden kann.«
»Eine gute Begründung! Aber du vergißt ja, deinen Whiskey zu trinken. Paß nur auf, daß der nicht auch noch verdunstet.«
Diese Gefahr ließ sich schnell beseitigen.
»Es handelt sich also um eine literarische Arbeit«, sagte Peter. Der Emeritus schüttelte den Kopf: »Literarisch ist

zu hoch gegriffen. Es handelt sich um Erzählungen, ohne alle Hilfsmittel verfaßt, niedergeschrieben während der Nachtwachen im Lazarett. Du erinnerst dich ja sicher noch, daß ich wie viele Priester als Sanitäter in der Wehrmacht eingesetzt war.«

»Bei einer Panzerdivision in Rußland. Über diesen Sanitätsdienst haben Sie uns jungen Theologen viel erzählt, allerdings nichts über Ihre Tätigkeit als Hersteller einer ›Arzeney für Mißvergnügte!«

»Ich hoffe, ihr hattet sie damals noch nicht nötig. Als Mißvergnügter ist mir nur einer in Erinnerung: dein Namensvetter, der weiße Peter.«

»Der hat es inzwischen zum Weißen Hai gebracht, vergnügter ist er deshalb nicht geworden. Aber reden wir von was Besserem. Ihre Geschichten sind also im Lazarett entstanden?«

»Ja, während der Nachtwachen war am ehesten Zeit dafür. Natürlich wurde ich oft unterbrochen, wenn ein Verwundeter nach mir rief oder ich ins Operationszelt gerufen wurde. Das erklärt auch die Lücken in den Texten, vor allem, wo es Vorgänge zu beschreiben galt. Das fällt mir am schwersten. Dialoge dagegen halten mich munter; je mehr Fetzen fliegen, desto besser!«

»Sie spannen mich ja regelrecht auf die Folter! Haben Sie das Manuskript zur Hand?«

»In der untersten Schublade links. Schau bitte selber nach, mir fällt das Bücken wieder mal schwer. Fünf blaue Schreibhefte, mit einem Schnürsenkel zusammengebunden.«

Peter tat, wie ihm geheißen, löste den Knoten, legte die fünf Hefte vor sich hin und las die Überschriften. Merkwürdige Titel, dachte er bei sich, aber verheißungsvoll:

Aus is, aus is! oder Der deprimierte Abt
Der Blitz aus Worms und der Donner aus Rom
Zwei Patricks und ein Patriarch
Ein Lob für die Vandalen
Was dem einen der Kaiserhof, ist dem anderen die Wüste

»Mach damit, was du willst!« sagte er. »Ich warne dich aber: Es ist keine leichte Lektüre – ich meine wegen meiner Schrift. Als Schreibunterlage hatte ich oft nur meine Knie oder ein wackeliges Krankentischchen zur Verfügung.«

»Ich bin überzeugt: Die Mühe der Entzifferung wird sich lohnen. In welcher Reihenfolge soll ich die Hefte lesen?«

»Wie du willst – oder halt, am besten, wie ich sie geschrieben habe: vom 19. Jahrhundert zurück in die Zeit Konstantins, gewissermaßen gegen den historischen Uhrzeigersinn. Die erste Geschichte spielt 1803 im Zeitalter Napoleons – kein Wunder, wir befanden uns damals auf dem Vormarsch nach Moskau. Während der großen Panzerschlacht um Kursk ließ ich Heinrich IV. mit Papst Gregor VII. streiten. Während meines letzten Heimaturlaubs durfte Kalif Omar die heilige Stadt Jerusalem erobern. Beim Rückzug an den Bug fiel mir der schwärzeste aller christlichen Pessimisten ein, Salvian, und kurz vor der großen Offensive der Russen im Weichselbogen debattiert der Hoftheologe Eusebius mit seinem Neffen, ob der Sieg Kaiser Konstantins auch ein Sieg der Kirche oder ihre Niederlage war. Es hätten übrigens sieben Geschichten werden sollen. Ich verrate dir später, warum zwei ungeschrieben geblieben sind.«

Peter griff nach dem ersten blauen Heft, schlug es auf und las.

Aus is, aus is! oder Der deprimierte Abt

»Trüber als das Wetter könnte meine Stimmung auch nicht sein«, sagte Abt Cölestin zu dem Lohnkutscher, der ihn in die Haupt- und Residenzstadt München gefahren hatte. Es war ein Aprilwetter scheußlichster Art. Der Wind heulte um die Ecken der Häuser, wirbelte allen möglichen Unrat durch die Straßen – vor allem den aus den Regierungsgebäuden! Bald hagelte es, bald graupelte es, und dazwischen blitzte die Sonne durch, als wollte sie sich lustig machen über die Bürger, die, mit Schirmen bewaffnet, über die Pfützen sprangen und den Kutschen auszuweichen versuchten, die sie mit der schmutzigen Gassensoße vollspritzten. Des Abtes Habit, der bis zu den Knöcheln reichte, wurde, soweit ihn der Mantel nicht bedeckte, naß und pampig.
»Aus is, aus is«, murmelte der Abt vor sich hin. Dieser landesübliche Seufzer war in letzter Zeit zu seiner bevorzugten Meinungsäußerung geworden. »Soll ich in diesem Aufzug vor Seine Durchlaucht treten?«
An der Residenz angelangt, erfuhr er bereits von der zweiten Charge, einem parfümierten kurfürstlichen Nischenfüller, daß sich Seine Durchlaucht gar nicht in München aufzuhalten geruhe und frühestens in drei Tagen zurückerwartet werde. Durchlaucht habe aber den Brief des Hochwürdigsten Herrn Abtes erhalten und ihn unverzüglich weitergereicht an die kurfürstliche Generallandschaftsdirektion in ständischen Klostersachen.
Da der dort zuständige Beamte wegen Überarbeitung und Erschöpfung das Bett hütete, mußte der Abt nun doch an der Tür jenes gefürchteten Dreierkollegiums anklopfen, das für die Aussortierung – sprich: Ausplünderung – der klösterlichen Bücherschätze zuständig war.

Wir befinden uns im Jahre 1803. Bayern wurde noch nicht von einem König, sondern von einem Kurfürsten regiert beziehungsweise dessen allmächtigem Minister Montgelas. Seit Jahrzehnten hatten die Kurfürsten neidisch und habgierig auf die riesigen Kirchengüter geblickt und als ›Sparpfennige‹ betrachtet, die sie bei nächster Gelegenheit angreifen und teilen würden. Über die Köpfe der Bischöfe hinweg nutzte man die hervorragenden Beziehungen zum Vatikan, um den Klöstern die Daumenschrauben anzusetzen, zunächst die finanziellen; immer höhere Sondersteuern wurden ihnen abgepreßt; die Klöster schafften es, sie zu bezahlen, größtenteils in barem Geld, und so wuchs der Appetit des hungrigen Staates beim Essen. 1802 war es soweit: Zuerst ging es den Kapuzinern an den Bart und den anderen Bettelorden an den Kragen. Wer nicht in der ordentlichen Seelsorge unterkriechen konnte, wurde brutal zusammengepfercht in den sogenannten ›Krepieranstalten für halsstarrige klostertreue Individuen‹. Freilich war aus den kleinen Klöstern der Bettelorden an Preziosen nicht viel herauszuholen, und über Ländereien verfügten sie sowieso nicht. Kein Wunder, daß die begehrlichen Augen der Regierenden nach jenen Abteien und Stiften schielten, die man die ›landständischen‹ nannte, Klöster der Benediktiner, Augustiner und Zisterzienser zumal, an deren Spitze ein Abt oder Propst stand, meistens ›Euer Gnaden Herr Prälat‹ tituliert, auch wenn er recht ungnädig war. Die Prälaten suchten in letzter Minute den tödlichen Streich abzuwehren, vergeblich. Napoleon stellte den deutschen Fürsten einen Freibrief aus. Im Februar 1803 erlaubte er ihnen, sich für die an Frankreich verlorenen Gebiete links des Rheins an den geistlichen Gütern rechts des Rheins schadlos zu halten. Kein Fürstentum des Reiches besorgte das so gründlich wie das Kurfürstentum Bayern, jahrhundertelang das Bollwerk der Kirche in deutschen Landen. Doch längst spukte auch dort der Geist der Aufklärung, vor allem an der Universität Ingolstadt und in der Münchener High Society. Feinfühlig, wie es Regierungen sind, erfolgte der Schlag in vielen Abteien ausgerechnet am Fest ihres Ordensstifters Benedikt, dem 21. März. Kurz vor dem Hochamt erschien der Landrichter und überbrachte den Befehl der Regierung, das Kloster binnen 24 Stunden zu räumen.

Wie ihm an diesem Tag das Festessen geschmeckt hatte, daran erinnerte sich Abt Cölestin nicht mehr; wahrscheinlich war ihm die gebratene Flugente samt Blaukraut und Knödel im Hals steckengeblieben. Jedenfalls würgte er noch daran, als er das Büro der gefürchteten und verhaßten Dreierkommission betrat. Er machte sich auf ein Zusammentreffen mit dem Freiherrn von Aretin gefaßt und wappnete sich, um dessen aufklärerischer Arroganz mit gebührendem Prälatenstolz zu begegnen, doch es kam ganz anders.
Zunächst empfing ihn ein lackierter Lakai, der jeden Respekt vor der Würde eines Prälaten vermissen ließ und ihn so geringschätzig behandelte, wie es nun einmal subalterne Wesen tun, wenn sie einen Gestürzten und Entmachteten vor sich wissen. Er bot ihm einen Schemel an und ließ ihn fast eine Stunde warten, ehe er sich bequemte, ihn bei seinem Vorgesetzten zu melden.
Endlich wurde Abt Cölestin empfangen – von Seinesgleichen, nicht körperlich Seinesgleichen: der Eintretende überragte den Empfangenden fast um Haupteslänge, dafür übertraf ihn dieser an Bauchumfang und Fülle seiner rosigen Backen. Aber es war ein Prälat, so wie er: der ehemalige Propst des Stiftes Beuerberg im Isartal, mit dem Familiennamen Hupfauer.
Immerhin begrüßte dieser den äbtlichen Kollegen standesgemäß und bot ihm einen samtüberzogenen Ohrensessel an. Sogar einen Mokka ließ er ihm servieren, was der Abt in Anbetracht der Kühle des Raumes nicht ablehnte. Außerdem hielt er die leutselige Begrüßung für ein günstiges Omen. Die Chancen, Gehör zu finden, schienen gewachsen.

Er sei nicht gekommen, um sich über die Maßnahmen der Regierung als solche zu beschweren. Ihm sei klar, daß die Aufhebung der Klöster nicht rückgängig zu machen sei, so ungerecht und unbillig er sie auch empfinde. Er habe jedoch die berechtigte Vermutung, daß beim Aussortieren der Bücherschätze seiner Bibliothek der Kommission ein Irrtum unterlaufen sei. Unter den wertvollsten Büchern, Handschriften vor allem, die man nach München abtransportiert habe, befinde sich auch die ›Chronica aurea‹ seines Klosters. Darin seien alle wichtigen Ereignisse seit 1232 minuziös festgehalten.
»Auch die Skandale?« fragte Hupfauer und kniff die Äuglein so zusammen, daß sie hinter den rosigen Backen zu verschwinden drohten.
»Auch die Skandale«, erwiderte der Abt, um einen scherzhaften Ton bemüht, obwohl die Temperatur seiner Zuversicht durch die Frage seines Gegenübers zu sinken begann.
»Diese Chronik ist für die kurfürstliche Regierung völlig wertlos, für unser Kloster unschätzbar.«
»Für ein Kloster, das nicht mehr existiert.«
»Das weiß ich selber. Doch diese Chronik war, unserer Haustradition zufolge, stets persönliches Eigentum des jeweiligen Abtes. Und ich existiere noch – falls Sie das zur Kenntnis zu nehmen geruhen. Außerdem ist der bibliophile Wert minimal. Kein Schmuckeinband, keine farbigen Illustrationen, keine vergoldeten Initialen …«
»Aber eine Fundgrube für Wissenschaftler, die sich mit dem Auf und Ab eines Landklosters befassen wollen, eine erstklassige Quelle der Lokalgeschichte. Wer soll sie noch ausschöpfen, wenn die Klostergebäude mönchsfrei und an Zivilpersonen versteigert sind? Einer der ehemaligen untertänigen Bauern und Holzknechte vielleicht? Nein, glauben Sie mir, Verehrtester, diese Chronik ist in München besser aufgehoben.«
»Unser Kloster, Herr Propst, ist stets eine Stätte der Gelehrsamkeit gewesen!«

»Gewesen, jawohl«, wiederholte Hupfauer höhnisch. »Da sind wir uns mal ausnahmsweise einig. Gewesen! Wann promovierte denn euer letzter Mitbruder zum Doctor Theologiae? Vor 74 Jahren! Ich bin gut informiert. Und wieviel Gulden gabt ihr in den letzten Jahren für wissenschaftliche Werke aus?«
Der Abt blickte betreten zu Boden. Hupfauer höhnte weiter: »Weniger als für den neuen Sudkessel in der Brauerei! Nicht einmal theologisch war eure Bibliothek auf der Höhe der Zeit.«
»Auf der Höhe der Aufklärung wollten wir auch gar nicht sein«, erklärte der Abt trotzig. »Außerdem mußten wir eisern sparen.«
»An Büchern, ja. Aber der Bierkeller und die Wurstkammern wurden ausgebaut. Und euer Hausorchester! Auf einen Gelehrten kamen zehn Dummköpfe, die ihn möglicherweise noch am Studium hinderten durch Musik, Musik, Musik! Das war das einzige, wozu eure Novizen noch taugten: zum Fiedeln und Harfenzupfen, Posaunieren und Orgelschlagen! Jedem, der eintrat, drückte man gleich ein Instrument in die Hand – statt lateinische Klassiker und mathematische Lehrbücher! Oder gar eine deutsche Grammatik. Aber euch war nichts wichtiger, als Musik zu machen.«
»Die Musik, mit Verlaub, ist eine heilige Kunst!«
»Ja gewiß, und ihr habt für's himmlische Hochzeitsmahl geübt, wo ihr lustig aufspielen wollt mit eurem Schrummschrumm, Pianogeklimper und Trompetengeschmetter!«
Jetzt wurde es dem Abt zu bunt. Wer die Musik angriff, griff ihn selber an. »Schmäht mir die heilige Musica nicht, Herr Propst! Augustinus nennt sie das schönste Gottesgeschenk! Sie galt ihm als die höchste Form der Gottesverehrung, und Gott zu loben ist unser Beruf.«
»Beim heiligen Benedikt steht nichts davon.«
»Nichts davon? ›Siebenmal am Tage singe ich dein Lob!‹ Ist das nichts?«
»Singen ja, das ist was anderes, Choralgesang zum Bei-

spiel – dazu braucht niemand ein Orchester. Aber Pauken, Trompeten, Hörner, Bombardon, und wie diese Krachinstrumente alle heißen, die ihr zu eurer geistlichen Ballettmusik braucht – was haben die in einem frommen Ordenshaus zu suchen?«
»Vielleicht ist Ihnen, Hochwürdigster Herr, nicht ganz unbekannt, daß sich nicht wenige Heidenvölker durch unsre Musik – mehr als durch unsere Predigt – von ihren Götzen abwandten und zum wahren Gott bekehrten, der ja schließlich« – hier wurde des Abtes Stimme fast zärtlich –, »der ja schließlich die höchste Schönheit ist.«
»Zunächst aber doch die höchste Ordnung und Vernunft, Verehrtester! Sie spielen da wohl auf den sentimentalen Reisebericht jenes französischen Literaten an, nach dem ein lukullischer Leckerbissen benannt ist, Chateaubriand. Ich kenne die Passage: Jesuiten paddeln auf einem Strom durch den Regenwald, spielen Geige und blasen Flöte und locken damit die scheuen Wilden aus dem Urwald. Die springen in die Fluten, nackt wie sie Gott geschaffen, und schwimmen den wundervollen Klängen hinterher.«
»Und lassen sich taufen.«
»Rührend, wenn es stimmt.« Hupfauer beugte sich vertraulich zum Abt. »Unter uns: Wir kennen doch beide die Gesellschaft Jesu, ihr Talent zur Propaganda und ihre schlauen Tricks. Mich wundert es nicht, daß der Papst eines Tages die Nase voll hatte und diesen ignatianischen Obskuranten das Handwerk legte, hoffentlich für immer. Doch« – jetzt nahm er wieder seine vorherige ganz und gar nicht vertrauliche Haltung ein – »Sie hatten in ihrem Brief noch eine zweite Bitte.«
Meine zweite Bitte, schoß es dem Abt durch den Kopf, meine Amati! Unglücklicher hätte der Augenblick gar nicht sein können, jetzt, da Hupfauer seine Abneigung gegen die Musik unverhohlen kundgetan hatte. Trotzdem, er durfte nicht so tun, als hätte er die Bitte vergessen, um deretwillen er hauptsächlich nach München gereist war.

»Ich ersuche Sie höflichst, die Rückführung meiner Amati in meine Hände genehmigen und veranlassen zu wollen.«
Wie entgeistert der freigeistige Propst auf einmal dreinschaute! »Amati? Wer oder was ist die Amati? Sie werden doch nicht eine Amata meinen?«
Abt Cölestin bewahrte seine Fassung, was ihm nicht leicht fiel bei so viel Ignoranz. »Pardon, ich vergaß, daß Sie in der Musik nicht sehr bewandert sind. Die Amati zählten neben den Stradivari zu den berühmtesten Geigenbauern in Cremona. Mein Vater verdiente sich sein Brot als Musiker am Hof zu Passau. Er vererbte mir diese Amati, sein kostbarstes Instrument, mir, wohlgemerkt, nicht dem Kloster. Gegen meinen Protest wurde sie vom Herrn Kommissar konfisziert, obwohl sie mein Privateigentum und Familienbesitz ist.«
Hupfauer lächelte süffisant: »Privateigentum? Darf es das im Kloster geben, Verehrtester? Pfui, pfui, was für Unsitten sind da eingerissen!«
»Unsitten hin oder her: Ich will meine Amati zurück!« Das klang fast bedrohlich scharf.
Der Propst schaltete vom Spott auf Sachlichkeit um. »Selbst wenn ich wollte, Herr Prälat – hier bin ich nicht kompetent. Ich gehöre der Kommission für die Bücherschätze an, nicht für Instrumente.«
»Aber könnten Sie nicht bei dem zuständigen Kollegen ein Wort für mich einlegen? Soll ich alter Mann, zur Einsamkeit verurteilt, keinen Trost mehr haben? Aus dem Kloster jagt ihr mich, trennt mich von meinen Mitbrüdern und Freunden, verbannt mich in irgendein elendes Domizil ...«
»Mit 1000 Gulden Rente, Herr Prälat! Ihre Mitbrüder erhalten nur den zehnten Teil!«
»Glauben Sie etwa, ich wäre nicht mit dem zehnten Teil zufrieden, wenn Sie mir nur diese eine Freude lassen würden? Doch was bitte ich Sie, einen Menschen, der vor lauter Vernunft und Ordnung nichts von der Schönheit der Musik weiß, der alle möglichen Akten und Paragra-

phen, aber weder den Kontrapunkt noch das Gesetz der Fuge kennt!«

»Bitte, Herr Prälat, mäßigen Sie sich, oder schreien Sie wenigstens nicht so laut. Im Vorzimmer ...«

»Eins noch, und das dürfen die im Vorzimmer alle hören, ja im ganzen Ministerium! Es ist eine Schande, wie Sie die Ideale Ihrer Jugend verleugnen. Sie haben doch auch die Profeß abgelegt, genauso wie ich, feierlich ein Leben im Ordensstand versprochen – vor Gott und seinen Heiligen.«

»Ideale der Jugend, sagen Sie?« Hupfauer genehmigte sich wieder eine Prise. »Waren es echte Ideale? Waren es nicht nur eingeredete oder eingebildete? Ich stamme aus kleinen Verhältnissen. Ich wollte höher hinaus als mein Vater. Wie hätte ich das erreichen sollen ohne den Eintritt in ein angesehenes Kloster? Geben Sie doch zu, daß es bei Ihnen ähnlich war.«

Der Abt gab gar nichts zu. Er sagte: »Wenn Ihr Ideal Ihr Ehrgeiz war, dann ist es ja Realität geworden. Sie sind das unentbehrliche Werkzeug unseres Landesherrn, wenn es gilt, die Ernte eines tausendjährigen blühenden Klosterlebens zu zerstören!«

Hupfauer nahm die nächste Prise, ein Zeichen, daß er Beruhigungsmittel nötig hatte, und sagte: »Sie wollen doch nicht behaupten, daß wir blühendes Klosterleben zerstören. Es war bestenfalls eine Sumpfblüte. Unsere Ordensväter, mein geschätzter Herr Prälat, würden sich im Grabe umdrehen, würden sie ihre Nachfolger heute herumstolzieren sehen: Schuhe mit silbernen Schnallen, die Füße in seidenen Strümpfen, Schnupftücher aus Brüsseler Spitze, goldene Tabatieren – und dann besuchen sie Komödien und Opern und schleichen sich vermummt auf Faschingsbälle! Der eine steckt alles Geld in seinen Kuhstall, der andere bringt in sieben Jahren sechzigtausend Gulden beim Kartenspielen durch, der dritte fährt sechsspännig in lackierten und vergoldeten Wagen – anstatt auf einem Esel zu reiten wie unser Herr Jesus Christus!«

»Sie verallgemeinern in abscheulicher Weise. Einzelfälle sind kein Beweis für die Verkommenheit eines ganzen Standes. Ich könnte Ihnen auf einen frivolen Prälaten fünf fromme und ehrbare nennen.«
Hupfauer wollte die aber gar nicht erfahren, sondern ereiferte sich weiter: »Was ist denn aus euren Gelübden geworden? Versprochen wird viel, gehalten wird wenig. Eure Armut zum Beispiel: Der heilige Benedikt schrieb zwei Gerichte vor, heute müssen es an Feiertagen zwölf bis achtzehn Gänge sein, und selbst wo man mäßig im Essen ist, ist man unmäßig im Trinken. Wir haben ein Nonnenkloster visitiert. Wissen Sie, welche Menge an Bier jede Nonne im Durchschnitt durch die Kehle schüttete? Vierhundert Liter im Jahr. Und die Keuschheit? Einen Abt im Schwabenland nannten die Leute bloß noch den schwäbischen Sultan. Und kommen Sie mir nicht mit dem vielgepriesenen Gehorsam. Ihr Ordensleute gelobt ihn, die Weltleute halten ihn. Ein fauler Schreiber fliegt aus dem Amt, ein fauler Mönch, wenn er seine Profeß abgelegt hat, kann nicht hinausgeworfen werden, ergibt sich weiterhin dem Müßiggang und nennt das großspurig: beschauliches Leben!«
»Sie wissen selber ganz genau, daß Ihr Urteil ungerecht und einseitig ist! In meinem Kloster wüßte ich keinen, der auf der faulen Haut lag. Und zwölf Gänge wurden bei uns auch nicht aufgetragen. Wir hatten eine Menge Schulden abzutragen und lebten so bescheiden wie die Brüder aus den Bettelorden.«
»Die sogenannten Minderbrüder, mein Verehrtester, sind in meinen Augen recht minderwertige Brüder. Auf ihren Bettelreisen machen sie die Bauern so arm, wie sie selber sein sollten.«
»Sie haben auch ihre Verdienste.«
»Verdienste nennen Sie das? Sie heizen den übelsten Aberglauben an. Wen holt man, wenn die Kühe rote Milch geben? Die Kapuziner. Wenn Gespenster zu vertreiben sind? Die Minoriten. Für alles haben sie Medaillen, Amulette und Tinkturen. Und nicht nur die Bettel-

orden! Die Augustiner bieten den Monikagürtel gegen Bauchschmerzen an, die Jesuiten ihr Ignatiuswasser. Und in Ihrem eigenen Kloster behandelte ein gewisser Pater Engelbert den Rotlauf der Schweine mit dem Öl, das aus dem Grab einer heiligmäßigen Nonne fließen soll.«

»Es hat die Schweine tatsächlich vom Rotlauf geheilt. Sie können das schwarz auf weiß nachlesen.«

Hupfauer lachte höhnisch. »In Ihrer Chronica aurea vermutlich. Verehrtester, kürzen wir diese fruchtlose Auseinandersetzung ab. Ich kann nur wiederholen, was Sie übrigens auch schwarz auf weiß in meiner Denkschrift nachlesen können: ›Das Mönchtum gleicht einem morschen Baum, der keine Früchte mehr bringt, dessen Zweige nicht einmal zum Pfropfen taugen und der den Boden, auf dem er steht, nur aussaugt. Warum soll er noch länger dastehen? Er gibt nicht einmal mehr erquikkenden Schatten. Hauen wir ihn also um! Vielleicht kann man das Holz noch teilweise nützlich verwenden.‹ Zitat Ende.« Er lehnte sich selbstgefällig zurück, um die Wirkung seiner Worte abzuwarten.

Der Abt zeigte sich nicht besonders beeindruckt, er hatte die Hetzschrift des Kollegen Hupfauer schon vor Jahren gelesen, allerdings die vom Autor selbst zitierten Sätze längst vergessen. Er sagte: »Die Mißstände sind mir nicht unbekannt. Unsitten sind eingerissen, deren man sich schämen muß. Solche Fehlentwicklungen müssen korrigiert werden. Aber muß man ganze Gebäude einreißen, wenn man in den Zimmern neuen Boden legen will? Sie wissen, was Benedikt seinen Äbten einschärft: ein Gefäß nicht zu zerbrechen, wenn man es vom Rost reinigen will.«

»Die Regierung dieses Landes kann nicht warten, bis der Rost das Eisen zerfrißt. In ihrem Auftrag handle ich.«

»Im Namen einer gottlosen Regierung – und das im Land, welches unser erster Kurfürst der Gottesmutter geweiht hat. Eine Schande ist das!«

»Herr Prälat«, rief Hupfauer drohend. »Danken Sie Ihrem Schöpfer, daß Sie außer mir niemand hört. Man würde sonst wohl ihre Pension tatsächlich um neun Zehntel kürzen.«
Damit konnte er den Abt nicht mehr einschüchtern. »Dann ziehe ich als Bettler durch die Straßen der Hauptstadt, mit der umgestülpten Mitra in der Hand, und stelle mich vor dem Portal des Ministeriums auf. Und jedem, der mich fragt, beweise ich, wie gottlos dieser hergelaufene Halbfranzose ist, dieser Graf Montgelas, ein Freigeist, Atheist und Kirchenhasser! Der am liebsten alle Kirchen in die Luft sprengen oder auf Abbruch verkaufen würde. Sogar die Feldkapellen läßt er sprengen, die Wegkreuze umstürzen, die Glocken einschmelzen – daß nur ja nichts mehr an unseren angestammten Glauben erinnert! Und Sie helfen ihm dabei.«
»Unsinn, ich helfe ihm nicht, die Kirche auszurotten. Das wollen weder Montgelas noch unser frommer Landesherr. Wir wollen nur das bayerische Volk aus dem Sumpf des Aberglaubens ziehen. Wir wollen den Glauben mit der Vernunft zusammenkoppeln, nicht mit der Magie. Wo Traditionen dagegenstehen, müssen sie halt weichen.«
»Soso, aus dem Sumpf des Aberglaubens und der Magie! Und in welchen Sumpf jagt ihr das Volk hinein? In den Sumpf der Freigeisterei und der Sittenlosigkeit. Daß ich das erleben muß! Aus is, aus is! Warum bin ich nicht früher auf die Welt gekommen? Ich hasse dieses neue Jahrhundert!«
»Verständlich, Euer Gnaden. Sie passen auch besser ins vorige, noch besser in das frühe Mittelalter! Versuchen Sie doch endlich, mit der Zeit zu gehen.«
»Ich gehe schon, keine Sorge, aber nicht mit Ihrer Zeit!« Der Abt nahm seinen Hut und verließ den Raum.
Deprimiert wie noch nie in seinem Leben verließ Abt Cölestin das Amtsgebäude. Nur nach Hause, nur nach Hause, auch wenn das Zuhause kein Zuhause mehr war. Der erfolglose Kampf mit Hupfauer hatte ihn schwer

mitgenommen. Große Chancen hatte er sich auf der Hinreise nach München zwar nicht ausgerechnet, aber daß er mit völlig leeren Händen heimkehren würde, hatte er doch nicht für möglich gehalten: ohne die goldene Chronik, ohne die geliebte Amati und ohne jede Hoffnung. Aus is, aus is, jammerte er vor sich hin.
Ein ganz klein wenig Glück hatte er doch noch. An der Poststation stand eine Kutsche nach Landshut abfahrbereit und hatte sogar noch Platz für ihn. In Landshut kannte er einen Pfarrer, dort würde er wohl übernachten können. Die Klöster, wo er sonst Quartier zu nehmen pflegte, existierten ja alle nicht mehr.
Außerhalb der Haupt- und Residenzstadt klärte es auf, aber nur das Wetter, in Cölestins Seele blieb es düster. Als ihm zwei Fuhrwerke, beladen mit großen Holzkisten, begegneten, dachte er nur: Wieviele Bücherschätze aus unseren Klöstern mögen da wieder nach München rollen! Schade, daß er nicht Abt in Sizilien oder in Kalabrien war, da würde er sich maskierte Banditen mieten und die Bücherschätze zurückerobern.
Die meisten Passagiere stiegen in Freising aus, dafür zwängten sich sieben Landfrauen in die Kutsche. Im nahen Kloster Weihenstephan, das natürlich auch säkularisiert worden war, hatte man Wäsche und Hausgerät versteigert: Tischtücher, Servietten, Suppenterrinen, Zinnbecher, Maßkrüge, Geschirr jeder Art bis zum Nachtgeschirr. Einige Frauen schienen hochzufrieden mit ihrer Beute, andere schimpften über den Auktionator, weil er den miserablen Zustand mancher Objekte verschwiegen hatte. Stolz präsentierte eine Krämerin zwölf Zinnteller mit eingraviertem Klosterwappen. Eine Wirtin schwenkte einen irdenen Nachttopf wie eine Siegestrophäe, sechs dieser Art hatte sie für ihre Gastzimmer ersteigert. Eine besser gekleidete Dame aus Landshut reichte ein zierliches Mokkaservice herum. Sie hatte sich in der Prälatur genauer umgesehen: »Geschlafen hat der Abt wie eine Prinzessin! Aber die Laienbrüder mußten in einem Taubenkobel nächtigen.« Und so wei-

ter, und so weiter. Abt Cölestin drückte sich in die Fensterecke der Kutsche, den Hut tief über die Stirn gezogen, den Mantelkragen hochgeschlagen, damit sein weißes Kollar nicht sichtbar wurde. Er verspürte keine Lust, sich mit diesen Säkularisationsgewinnlerinnen in einen Disput einzulassen.

In Moosburg erweiterten sie das Thema und warfen die Frage auf, was wohl mit den vielen Klostergebäuden geschehen werde. Manche seien wirklich zu schade für den Abbruch. Die Vorschläge reichten von Kinderbewahranstalt bis zu Mädchenpensionat und Irrenhaus. Die besser gekleidete Dame plädierte für eine Besserungsanstalt; da könne man gleich die ehemaligen Insassen, diese Bet- und Bettelbrüder, für nützliche Arbeiten umschulen.

Wenige Meilen vor Landshut ertrug der arme Abt das seichte Geschwätz nicht mehr und bat den Kutscher anzuhalten. Erst jetzt wurden die Frauen auf den stummen Fahrgast aufmerksam. Als sie beim Aussteigen unterm Mantel die Mönchskutte erkannten, schienen sich manche doch ihrer losen Sprüche zu genieren. Die Wortführerin rief ihm sogar nach: »Nichts für ungut, hochwürdiger Herr! Wir bleiben alle gut katholisch!«

Die Kutsche rollte weiter. Abt Cölestin blickte ihr gramvoll nach. Das war also unser vielgepriesenes katholisches Landvolk. Und so was sollte ohne klösterliche Rückendeckung den Lockungen der Freimaurer Widerstand leisten? Aus is, aus is.

Hier brach das Manuskript ab. Es folgten ein paar dick durchgestrichene Zeilen, dann drei leere Seiten. Verwundert fragte Peter: »Aus is, aus is – ist das schon das Ende der Geschichte?«

Der Emeritus lachte. »Aus wär's, aus wär's, dann würde ja die Hauptsache fehlen. Im nächsten Heft geht es weiter. Die Lücke hoffte ich später auszufüllen, muß es aber wohl vergessen haben. Außerdem machen mir, wie schon gesagt, Beschreibungen von Vorgängen weniger Freude als Dialoge.«

»Um welchen Vorgang handelt es sich denn?«

»Nun ja: wie der deprimierte Abt vom rechten Weg abkommt. Er wandert an der Isar entlang, die damals noch nicht durch Dämme gebändigt war. So gerät er immer tiefer in die versumpften Wiesen hinein, verliert völlig die Orientierung und ist nahe daran, sich aufzugeben. Doch dann siegen der angeborene Selbsterhaltungstrieb und das anerzogene Christentum über seine Verzweiflung. Auch schreckt ihn die Vorstellung, als Moorleiche zu enden anstatt in der Klostergruft zu ruhen, und so schreit er um Hilfe. Sein Schrei wird gehört, von zwei Studenten, hoch zu Roß, Ludwig und Melchior mit Namen. Sie fischen ihn aus dem Wasser, das ihm schon bis ans Zingulum reicht und schaffen ihn ins nahe Forsthaus, wo er sich säubern, wärmen und seine Kleider trocknen kann. Behilflich ist ihm dabei ein hübsches Försterkind, dem – nebenbei gesagt – Student Ludwig schöne Augen macht. Während dieser ganzen Prozedur erzählt der schwergeprüfte Abt seinen Rettern, wie er von der kurfürstlichen Regierung behandelt wurde. Fortsetzung im nächsten Heft!«

Peter nahm das nächste Heft zur Hand, der Emeritus stopfte sich eine neue Pfeife und vertiefte sich wieder in seine Korrespondenz, während Peter weiterlas: »Des deprimierten Abtes 2. Teil.«

Melchior sagte: »Also Hupfauer heißt dieser Bösewicht! Ludwig, merke dir den Namen! Aber ziemt es einem Gottesmann, deswegen am Leben zu verzweifeln?«

»Glauben Sie etwa, ich habe im Sumpf den Tod gesucht?«

»Um so besser für Sie, wenn es nicht so war.«

Ludwig mischte sich ein. »Es war so, Melchior, hätten Hochwürden sonst um Hilfe geschrien? Danken Sie Gott, daß wir heute keine Lust auf die Vorlesung hatten, sondern ausgeritten sind. Wer weiß, ob jemand anderer Sie gehört hätte.«

»Ja«, seufzte der Abt, »manchmal zeigt uns der liebe Gott doch noch, daß er uns nicht ganz vergessen hat.«

»Na hören Sie mal, das zeigt er uns doch jeden Tag«, sagte Melchior.

»Ihr jungen Leute habt leicht reden. Ihr habt den ständigen Niedergang nicht miterlebt.«

»Von welchem Niedergang reden Sie?«

»Vom Niedergang der christlichen Religion, der Macht unserer Kirche und der öffentlichen Moral. Verzeihen Sie, ich sage: unserer Kirche und weiß gar nicht, welcher Konfession Sie angehören.«

»Derselben wie Sie«, beruhigte ihn Ludwig. »Auch mein Freund Melchior, obwohl er pures Schriftdeutsch spricht, was uns hierzulande immer reichlich lutherisch vorkommt.«

Die zarte Spitze auf seine unverkennbar bairische Aussprache ritzte das Gemüt des Abtes nicht. Es tröstete ihn, unter Gleichgesinnten zu sitzen. Doch was heißt Gleichgesinnte? Melchior widersprach ihm schon wieder.

»Welche Macht der Kirche meinten Sie? Die politische und wirtschaftliche oder die über die Seelen?«

»Das eine läßt sich kaum vom andern trennen.«

»Man wird es aber künftig trennen müssen.«

»Junger Mann, so ähnlich haben in meinem Kloster einige jüngere Mitbrüder geredet. Sie sagten: Es schadet nichts, wenn uns der Staat Grundherrschaft und Grundbesitz wegnimmt; so können wir uns ungeteilt unseren klösterlichen Idealen und Aufgaben widmen. Und überhaupt schade es der Kirche nicht, abzuspecken und gesundzuschrumpfen. Nun, geschrumpft sind wir, freilich so sehr, daß nichts mehr vorhanden ist. Ob das gesund ist?« Er schüttelte den Kopf. »Ich begreife das alles nicht. Vor zehn Jahren noch eine heile Welt der Gläubigkeit, wenigstens bei den schlichten Bauern und Bürgersleuten – und jetzt? Wie schnell doch eine Welt zusammenbrechen kann!«

Melchior fragte, wer seiner Meinung nach die Schuld daran trage.

»Wer wohl! Die Apostel der neuen Ideen, die von Frankreich her Europa überschwemmen, dieses atheistische Aufklärergesindel, das unsere Welt verfinstert. Schlimm genug, daß sie in Wirrköpfen Unheil anrichten mit ihrem Kult der kalten Vernunft. Dem hätte man gegensteuern können, solange das Bündnis von Thron und Altar bestand. Doch nun haben sie mit Hilfe ihrer Geheimbünde, der Freimaurer und Illuminaten auch die Regierung erobert, die Kirche ihrer materiellen Grundlagen beraubt und zum Büttel des Staates erniedrigt. Der Pfarrer soll nicht mehr Gottes Diener sein, sondern Handlanger des Staates. Und wissen Sie, was das Schlimmste ist? Wir können nirgends unser gutes Recht einklagen, wir werden nicht einmal vorgelassen. Bei den Kommissaren nicht, bei den Ministern nicht, beim Kurfürsten nicht, bei den aufgeklärten Bischöfen nicht, beim Nuntius nicht und beim Papst nicht. Hat der nicht auch zu allem Ja und Amen gesagt? Wissen Sie, was unser Bischof Joseph Konrad denen in Rom drunten vorgeworfen hat? Die Kurie helfe eifrig mit, aus der Beute der Klöster das Leichenbegängnis für die Religion zu bestreiten! Die Quittung kam postwendend: Der brave Mann wurde als Bischof abgesetzt. Jetzt liegt er im Sterben, vom Gram aufgezehrt. Daß sich Rom und die Loge die Hände reichen, um die Religion zu vernichten – das war zuviel für ihn. Bei uns in Bayern ist es am schlimmsten, und wir brüsteten uns, die katholische Zitadelle Europas zu sein. Max I. weihte unser Land der Gottesmutter. Er dreht sich im Grabe um, wenn er hört, was Max IV. angerichtet hat. Sollen sie doch gleich Maria von den Säulen stürzen und die Göttin der Vernunft auf den Sockel heben. Nun sagen Sie selbst: Ist das nicht zum Heulen, wenn so gar kein Licht in unsere Finsternis fällt?« Er senkte den Kopf auf den Tisch, um seine Tränen zu verbergen.

Die beiden jungen Leute erwiderten zunächst nichts. Der alte Abt tat ihnen leid; sie teilten seinen Kummer, seinen

Standpunkt teilten sie nicht. Von ihren Lehrern und ihrer Jugend beeinflußt, sahen sie vieles in günstigerem Licht. Sicher, der Verlust der weltlichen Herrschaft mit ihren Privilegien, der Verlust des kaiserlichen Schutzes und der Verlust des materiellen Reichtums brachten die Kirche in Existenznot. Es mochte schwer zu erkennen sein, daß manches, was dem verheerenden Sturm zum Opfer fiel, bereits morsch oder hinderlicher Ballast geworden war. Dazu gehörten die Sitze im Reichstag genauso wie eigene Truppenkontingente und eine Hofhaltung, die Versailles und Nymphenburg zu kopieren versuchte. Oder, was die landständischen Klöster betraf: Jagdreviere für Prälaten, unermeßlicher Grundbesitz mit Wäldern, Weinbergen und leibeigenen Untertanen. Vielleicht würde Mutter Kirche, bettelarm geworden und darum bei den Spitzen der Gesellschaft nur noch wenig geachtet, sich jetzt jenen Kindern zuwenden, die sie nötiger brauchten als die Herren im Frack und die Damen im Reifrock?

Melchior hatte von Wäldern in Nordamerika gehört, in denen erst ein Waldbrand wüten muß, bevor sie sich erneuern, weil die Samenkapseln ihrer Bäume erst bei Feuerhitze platzen! Schon wollte er dieses Beispiel dem Abt zum Trost erzählen, da fiel ihm ein besseres ein. Doch noch kam er nicht dazu, der Abt ergriff nämlich wieder das Wort. Er deutete das auffällige Schweigen der vorher so gesprächigen Studenten anders, gemäß dem alten Römerspruch: Qui taceat, consentire videtur (Wer schweigt, scheint zuzustimmen) und sagte: »Sie geben mir also doch recht: es ist endgültig aus.«

Melchior korrigierte ihn: »Allenfalls vorläufig aus. Wir wollen dem lieben Gott keine Vorschriften machen.«

»Ob der noch etwas von uns wissen will – nach einer solchen Enttäuschung? Wir hätten uns wenigstens tapferer wehren sollen. Jetzt stehen wir als Versager vor ihm da.«

»Schon viele sind in Prüfungen durchgefallen und trotzdem tüchtige Menschen geworden«, sagte Ludwig.

»Solch rosenroter Optimismus steht Ihren jungen Jahren an, mein Herr, mir aber ...«
»Doch hoffentlich kein rabenschwarzer Pessimismus?«
»Rabenschwarz vielleicht nicht, schwarz auf jeden Fall.«
Melchior klatschte Ludwig auf die Schulter: »He, Ludwig, da haben wir ja nicht nur den Leib, sondern auch die Seele eines Prälaten aus dem Sumpf gerettet! Sie wären ja mit einer Todsünde in die Hölle gefahren!«
Der Abt blickte Melchior verwirrt an. Was war jetzt los? Wollte er ihn verhöhnen? »Wie meinen Sie das?«
»Wie ich das meine: Acedia, die Sünde der Traurigkeit und Trostlosigkeit. Müssen Sie doch von Ihrem Studium her noch wissen! Leider wurde sie seit langem aus den Beichtspiegeln gestrichen, wahrscheinlich, weil deren Verfasser lauter Trübsinnsbläser waren. Ludwig, siehst du das auch so?« Ludwig sah das auch so.
Immer überraschter blickte der Abt von einem zum anderen und fragte: »Sind die Herren gar Studenten der heiligen Theologie?«
Ludwig antwortete: »Ich schmecke nur ein bißchen davon, nehme sozusagen mit den Hors d'œuvres vorlieb, doch hier mein Freund Melchior möchte das ganze Menu verspeisen.«
»Aber doch nicht in Landshut, hoffe ich?« fragte der Abt.
»Warum nicht in Landshut? Eine schöne, neue Universität mit frischem Wind in den Mauern.«
»Eine Hochburg der Aufklärer, von Freimaurern durchsetzt! Ich warne Sie! Passen Sie nur auf, daß Sie beim Studium nicht Ihren Glauben verlieren. Vor allem: Hören Sie ja nicht diesen Sailer!«
»Zu spät gewarnt, wir hören ihn schon. Jeden Tag. Seinetwegen haben wir Landshut als Studienplatz gewählt. Und bevor Sie jetzt wieder mit dem Kopfe wackeln und Ihr ›Aus is, aus is‹ anstimmen, sollten Sie ihn hören. Er schafft es bestimmt, auch Ihnen wieder Mut zu machen.«

»Aber bitte nicht mit dem billigen Trostpflaster vom abgeworfenen Ballast – das will mir jeder auf meine Wunden drücken. Das hilft aber nichts.«

»Nein, sondern mit der Chance der Erneuerung.«

»Kommen Sie mir jetzt etwa mit dem abgedroschenen Vergleich vom Vogel Phönix, der sich aus der Asche in die Luft erhebt? Eine erbauliche Sage, nicht mehr; es steckt leider sehr wenig Wahrheit dahinter.«

»Dann schlage ich Ihnen folgendes vor«, sagte Ludwig. »Blättern Sie im Buch der Geschichte, speziell der Geschichte Ihres eigenen Ordens und suchen Sie nach dem Stichwort Monte Cassino. Dreimal wurde diese Gründung des heiligen Benedikt bis auf die Grundmauern zerstört, noch öfter geplündert und ausgeraubt, die Mönche mehrmals vertrieben. Doch Monte Cassino war nicht umzubringen: immer wieder kehrten die Mönche zurück, krempelten die Ärmel ihrer Kutten hoch und bauten das Kloster schöner und größer als zuvor wieder auf. Darum heißt ja auch sein Wahlspruch: Succisa virescit, zu deutsch: Abgehauen grünt er neu, und führt im Wappen einen abgehauenen Baumstamm, aus dem ein frisches junges Reis hervorsprießt.« Den letzten Satz sprach er zu Melchior gewandt; er durfte annehmen, daß dem Abt der Wahlspruch und das Wappen von Monte Cassino nicht unbekannt waren. Doch jetzt wandte er sich wieder an diesen, als er fragte: »Warum soll der Wahlspruch nur für ein Kloster gelten, warum nicht für das ganze Mönchtum, ja für die ganze Kirche? Succisa virescit. Das Rad der Geschichte dreht sich weiter, ob wir wollen oder nicht; auch die Feinde Christi können es nicht aufhalten, kein Nero, kein Diokletian, kein Robespierre. Und auch kein Minister Montgelas. Glauben Sie, der regiert ewig, oder mein herzensguter Vater, der leider nach seiner Pfeife tanzt? Einmal, hochwürdigster Herr, werde ich, so Gott will, unser schönes Land regieren, und ich verspreche Ihnen, dann dreht sich der Wind! Dann rufe ich die Mönche zurück, euch Benediktiner zuerst, weil ihr als die ersten in unserem Land den

Glauben verkündet habt! Dann setze ich meine Freunde als Bischöfe ein, wenn sie auch alle Schüler jenes Lehrers sind, den Sie für einen halben Freimaurer halten. Und dann wird auch Ihr Kloster neu erstehen, so wahr ich Ludwig heiße und der Thronfolger bin!«
Der arme Abt war völlig durcheinander. Trieben die beiden Studenten einen grausamen Spaß mit ihm, oder war dieser Ludwig übergeschnappt? Er schaute fast flehentlich zu Melchior hinüber. Der verstand den Blick und klopfte ihm kräftig auf die Schulter, als er sagte: »Es stimmt alles: Er heißt Ludwig und wird einmal, so Gott will, das Land regieren. Hoffentlich bald.«
»Aus is, aus is«, stammelte der alte Abt, »Durchlaucht, vergeben Sie mir! Ich habe Sie wirklich nicht erkannt!« Am liebsten hätte er sich vor Scham in den Boden verkrochen. Doch Ludwig ließ das nicht zu. »Nichts wird vergeben«, rief er fröhlich, »jetzt wird erst einmal angestoßen.« Er hob das gefüllte Glas und prostete dem Abt von Michelshausen zu: »Succisa virescit!«

Finis

»Warum Finis? Ist die Geschichte wirklich schon zu Ende?« fragte Peter den Emeritus.
»Heute müßte ich sie natürlich etwas erweitern. Monte Cassino wurde inzwischen ein viertes Mal zerstört, durch amerikanische Bomben und Granaten im Zweiten Weltkrieg, gründlicher als es die Langobarden, die Sarazenen und das Erdbeben geschafft hatten. Doch es erstand auch diesmal wieder aus dem Trümmerhaufen in alter Pracht und Größe. Succisa virescit!«
»Das meine ich nicht. Ich dachte an eine Art himmlische Tröstung für den armen Abt. Ein Traumgesicht zum Beispiel. Ein Engel erscheint ihm, geigt ihm auf seiner Amati seine Lieblingsmelodie vor und flüstert ihm ins Ohr: Kannst du dir nicht vorstellen, daß gerade jetzt, am Tiefpunkt der kirchlichen Macht, eine neue Liebe zur

Kirche erwacht? Vielleicht wachsen unter den Lausbuben, die dir ›Schwarzkittel‹ und ›Pfaffenschwein‹ nachschreien, künftige Pfarrer, Äbte und Bischöfe heran? Vielleicht steckte unter den Weibern, die sich über das Mokkaservice und das Nachtgeschirr des Prälaten ereiferten, die Mutter einer künftigen Generaloberin oder barmherzigen Schwester? Und dann hätte ihm der Engel den Aufbruch der Kirche im 19. Jahrhundert als gewaltige Prozession vorstellen können mit vielen tausend Mitgliedern alter und neuer Orden, mit unzähligen Vereinen, vom frommen Nächtlichen-Sühne-Verein bis zum Gesellenverein, und schließlich mit Bischöfen, die lieber ins Gefängnis als vor ungerechten Ansprüchen des Staates in die Knie gingen!«
»Und, wenn es dir recht ist, mit einigen der bedeutenden Theologen, die endlich frischen Wind in ihre erstarrte Wissenschaft brachten ...«
»Einschließlich der Kirchengeschichte!«
Der Emeritus lachte. »Ob du es mir glaubst oder nicht: der Gedanke an einen solchen tröstenden Engel ist auch mir gekommen, ich habe ihn ›Historiel‹ genannt. Er tritt aber erst in der zweiten Geschichte in Erscheinung.«
Peter griff zum nächsten Heft und schlug es auf. »Der Blitz aus Worms und der Donner aus Rom. Da weiß man wenigstens gleich, worum es sich handelt: um die Reformation, um Luthers Auftritt vor dem Wormser Reichstag und die päpstliche Bannbulle aus Rom.«
»Daneben getippt, und gleich um drei Jahrhunderte! Nun schau nicht so drein, als hätte sich dein Intelligenzquotient verringert. Die Überschrift würde sehr gut auf die Reformationszeit passen. Ich hatte ursprünglich auch vor, die nächste Geschichte in ihr spielen zu lassen, und hatte mir bereits ein Szenario dazu ausgedacht – ohne historisch verbürgte Persönlichkeiten übrigens. Kein Kronprinz, kein Hupfauer, kein Diepenbrock, dafür die sogenannten kleinen Leute. Ich dachte mir einen Landpfarrer aus, Zachelin sollte er heißen, der eigentlich noch ärmer dran war als Abt Cölestin. Seine Gottesdienste

werden leerer von Sonntag zu Sonntag; nur ein paar alte Männer und Weiber, zu schwerhörig, um die neue Lehre zu verstehen, oder auch zu dumm dafür, wie die Trunkenbolde, der Sauhirt und der Dorftrottel, bleiben ihm treu. Alle anderen sind längst zum Prediger aus Wittenberg übergelaufen. Zachelin ist dem Verzweifeln nahe, als ihn seine abtrünnigen Pfarrkinder zu verspotten anfangen. Ausgerechnet auf dem Platz vor seiner Kirche feiert der letzte Kapuziner mit der vorletzten Klarissin aus der nahen Stadt Hochzeit. Hoch geht es her, ein üppiges Gelage, daß sich die Balken biegen, Musik und Tanz, Gekreisch und Gelächter, und ohrenbetäubender Beifall, als der Bräutigam auf den Tisch springt und, von einer Fiedel begleitet, Spottverse auf die Papisten und den Papst anstimmt. Da schleicht sich ein Besucher durch die Hintertür, ein Rompilger, auf den Zachelin mit Spannung gewartet hat, um Neuigkeiten zu erfahren. Und was erfährt er? Daß man in Rom die lutherische Lehre zwar für unerlaubt erklärt habe, sonst aber nichts gegen sie tue, da sie ja nur nördlich der Alpen ›wüte‹. Er habe kaum einen römischen Prälaten gefunden, der über die hoffnungslose Lage der Kirche in Deutschland hinreichend informiert, geschweige denn an ihrer Besserung interessiert sei. Man beruhige sich bei dem Gedanken, der Kaiser sei ein treuer Sohn der Kirche und werde nötigenfalls die Häretiker mit militärischer Macht zur Räson bringen. Wie es war zu aller Zeit. Der Papst selber habe nur seine künstlerischen Projekte im Kopf, vor allem die Vollendung der riesigen Basilika zu Ehren des heiligen Petrus, die mit dem berüchtigten Peterspfennig finanziert werde. Ich war mir noch nicht schlüssig, wie die Geschichte enden sollte. Rafft sich Zachelin auf, in Ehren durchzuhalten bis zum bitteren Ende, oder ruft er seiner Köchin zu: ›Lene, zieh dein bestes Gewand an. Wir bestellen beim lutherischen Prediger das Aufgebot!‹? Soweit mein Exposé, wenn ich mich recht daran erinnere. Es ist halt schon lange her, über fünfzig Jahre«, sagte der Emeritus.

»Aber Sie erinnern sich bestimmt noch daran, warum sie es nicht ausgeführt haben.«
»Ja, um meine evangelischen Kollegen und Kameraden nicht zu verletzen.«
»Aber Sie hatten doch gar nicht vor, die Geschichte zu veröffentlichen.«
»Trotzdem, mein Lieber. Schon das Niederschreiben wäre mir wie eine Kränkung der evangelischen Brüder erschienen, die als wissenschaftliche Kollegen unter demselben Beschuß der Nazis standen wie wir und als Sanitäter zu meinen Freunden zählten. Außerdem war in der Reformationszeit nicht das Christentum an sich bedroht, sondern der Bestand der katholischen Kirche diesseits der Alpen, die wirklich reformbedürftig war. Vielleicht hast du schon einmal den Ausspruch gehört: ›Die Deutschen machten die Reformation, weil sie wieder fromm sein wollten.‹ Für römische Ohren klingt das wenig schmeichelhaft. Inzwischen gibt wohl jeder zu, selbst der Weiße Hai und seine Konsorten, daß unser Schifflein Petri in den seichten Gewässern der Renaissance auf Grund gelaufen wäre. Die steife Brise aus Wittenberg hat seine Steuerleute schließlich zu einer Generalüberholung gezwungen ...«
Peter lachte: »Auf der Konzilswerft in Trient!«
Der Emeritus stimmte in sein Lachen ein. »Ja, meine Metapher ist ein bißchen ausgeufert. Du weißt schon, was ich meine. Das Ergebnis war die tridentinische Kirche, von der dein Weißer Hai noch heute träumt, und die barocke Symbiose von Kunst und Frömmigkeit, die ›heile Welt‹, der unser Abt Cölestin nachgeweint hat, obwohl sie so heil ja nun auch wieder nicht war. Doch ich schlage vor, wir blenden die Licht- und Schattenseiten der Reformation jetzt aus. Darüber haben meine Zunftkollegen ganze Bibliotheken vollgeschrieben. Machen wir lieber einen großen Sprung zurück ins elfte Jahrhundert, in den Streit zwischen Kaiser und Papst, Heinrich IV. und Gregor VII.
Diesmal hielt ich mich brav an den Verlauf der Ereig-

nisse. Zum Helden in Anführungszeichen wählte ich mir einen stellungslosen Kleriker, von denen damals Tausende in den Bischofsstädten herumlungerten. Vielleicht war es auch ein entlaufenes Mönchlein, das durch einen Zufall – will sagen: durch Gottes Fügung – Zeuge weltgeschichtlicher Ereignisse wurde: des Blitzes aus Worms und des Donnerschlags aus Rom. Ich nannte ihn Wipo. Dieser Wipo mußte aus Franken stammen wie der König, zu dem Sachsen und Bayern in Opposition standen. Wie aber sollte Wipo, der sich mühsam mit Lohnschreiberei über Wasser hielt, zum deutschen Nationalkonzil nach Worms kommen? Ich dachte mir folgendes aus: Dem damaligen Bischof von Würzburg, Adalbert, ist der Sekretär erkrankt. Doch dieser weiß einen Ersatzmann, seinen Schulfreund Wipo, den er als den besten ›Geschwindschreiber‹ zwischen Rhein und Donau rühmt. Also läßt ihn der Bischof kommen und testet ihn. Wipo muß eine Predigt mitschreiben, zweihundert Silben in der Minute. Wipo gerät ins Schwitzen, aber er schafft es mit Hilfe seiner verbesserten tironischen Zeichen. So nannte man damals die Stenografie.«

Peter wollte wissen, ob von diesem Wipo etwas überliefert sei.

»Nur in meiner Phantasie. Aber es muß einen Mann wie meinen Wipo gegeben haben, du wirst noch erfahren, warum. Zur Ausschmückung der Vorgeschichte fand ich keine Zeit, startete gleich in medias res, in diesem Fall nach Worms am 24. Januar 1076. Heinrich IV., deutscher König und, wie er hoffte, bald römischer Kaiser, hatte die deutschen Bischöfe nach Worms gerufen. Du wirst dich noch erinnern: Der König hatte unter Berufung auf altes Recht drei Bischöfe eingesetzt, ohne den Papst zu fragen. Im Gegenzug hatte der Papst diese Bischöfe mit dem Bann belegt und jedem Christenmenschen, also auch dem König, strengstens verboten, mit den Gebannten zu verkehren. Heinrich IV., durch militärische Erfolge gegen die Sachsen übermütig geworden, scherte sich keinen Deut um die päpstliche Strafandrohung, sondern sammelte die ihm ergebenen Bischöfe um sich, um den nächsten Schritt gegen den Papst zu beraten. In dieser Versammlung schreibt Wipo im Auftrag seines Bischofs mit, soviel er mitschreiben kann. Für den Fall, daß du am Anfang einen Schock erleidest, stell ich den Whiskey parat. Bediene dich, wenn du ihn nötig hast! Ich lege jetzt ein Schläfchen ein. Wecke mich, wenn du fertig bist.«

Der Blitz aus Worms und der Donner aus Rom

Im hohen Dom zu Worms hockte auf einem Betschemel Wipo, der Hilfssekretär des Bischofs von Würzburg, und versuchte mitzuschreiben, was er an Ausrufen und Satzfetzen aus dem allgemeinen Tumult der Versammlung heraushören konnte. Wer was rief, das festzustellen, erwies sich als unmöglich. Eben hatte ein römischer Legat noch einmal den Brief des Papstes verlesen, in dem dieser den König und alle seine Getreuen mit dem Bann bedrohte, woraufhin das deutsche Nationalkonzil von einem kollektiven Wutanfall gepackt wurde. Wipo brachte ihn, so gut wie möglich, zu Papier.

»Dieser Mann auf dem Heiligen Stuhl – unmöglich! Dieser Mann gehört weg! Dieser Intrigant! Dieses machtlüsterne Ungeheuer! Untersteht sich, unseren König zu bannen! Hildebrand, Hildebrand, merkst du nicht, daß du mit dem Feuer spielst? Mit einem Feuer, das Rom in Schutt und Asche legen wird!«

»Unserem König drohen! Wie anmaßend! Was war denn Rom, bevor wir Deutsche für Ordnung sorgten? Ein erbärmliches Nest in jeder Beziehung. Schlimmer noch: ein Saustall, den es auszumisten galt! Und der Stuhl Petri, was war der? Zankapfel korrupter Adelsfamilien! Es gäbe heute überhaupt keinen Papst mehr, wenn wir nicht eingegriffen hätten. Wenn die Kaiser als Herren der Kirche sich nicht darum gekümmert hätten, daß würdige Männer die Nachfolge des Petrus antraten.«

»Wißt ihr noch? Der Vater unseres Königs, Kaiser Heinrich der Dritte, setzte drei Päpste auf einmal ab. Sogenannte Päpste, bitte! Die hatten sich bekämpft und bespuckt wie Gassenjungen. Was, nur bekämpft und bespuckt? Am liebsten hätten sie sich umgebracht.«

»Und nun kommt dieser Hildebrand. Woher kommt er

denn? Aus dem Armeleuteviertel am Tiber. Kein Wunder, daß der uns nicht mag, uns Männer vom Adel, von deutschem Adel noch dazu. Dieser hinterlistige Italiener, falsch wie alle jenseits der Alpen. Was? Halbjude ist er auch noch? Dann wundert mich gar nichts mehr.«
»Wißt ihr, wie ihn Kardinal Damiani genannt hat, der fromme Damiani? Einen Satanas! Einen heiligen Satanas, bitte! Unsinn, Satanas bleibt Satanas; den kann auch ein Kardinal nicht heiligsprechen. Kennt ihr die letzten Forderungen dieses Satanas? Nur der Papst allein hat das Recht, Bischöfe zu ernennen und abzusetzen.« Wipo notierte hier: »Hohngelächter von allen Seiten, vereinzelte Pfiffe.« Das bemerkte ein Bischof neben ihm und musterte ihn argwöhnisch. Wipo zwang sich zu einem fröhlichen Grinsen und duckte sich tiefer über seine Notizen.
»Wißt ihr, was er noch verlangt? Alle Fürsten haben die Füße des Papstes zu küssen. Hoffentlich wäscht er sie vorher! Haha! Der Papst darf Kaiser und Könige absetzen, sagt er. Das wollen wir doch mal seh'n, ob sein Arm über die Alpen reicht. Soll er nur versuchen, dann hauen wir ihn ab, diesen Arm! Abhauen, jawohl, und die Arme aller Verräter dazu. Mag er auch zehnmal verkünden: Niemand besitzt richterliche Gewalt über ihn. Und was ist, wenn ein Papst zum Räuber wird, Leichen schändet, zum Mord anstiftet? Ist doch alles schon passiert! Wer soll ihn dann richten? Vielleicht er sich selber?« Wieder notierte Wipo: »Hohngelächter von allen Seiten.«
»Wer hat denn diesen Mönch auf den Stuhl Petri erhoben? Etwa die Kardinäle, wie es das neue Wahlgesetz verlangt? Nein, der Pöbel von Rom, das Gesindel, aus dem er hervorgekrochen ist. Dabei war die Leiche seines Vorgängers noch nicht einmal erkaltet. Pfui, sage ich, pfui! Aber das eine schwöre ich euch: Noch jubeln ihm zwar die verdammten Römer zu, aber wenn er tot ist, werfen sie Steine auf seinen Sarg!«
Als hätte diese tröstliche Aussicht die aufgebrachten Gemüter endlich beruhigt, trat eine Pause ein. Auch

bischöfliche Lungen und Zungen bedürfen bisweilen einer Regeneration.
Wipo atmete auf. Die geschwinde Federkratzerei hatte ihm den Schweiß auf die Stirn getrieben. Die Herren hatten so schnell und so durcheinander geschrien, daß selbst ein Meisterschreiber wie er höchstens die Hälfte aufzeichnen konnte. Doch diese Hälfte, an die entsprechenden Stellen in Rom weitergeleitet, würde genügen, ganz Deutschland mit Bannstrahlen zu beschießen.
Jetzt erschien der König, umgeben von seinen Günstlingen und Beratern, begleitet vom ranghöchsten Erzbischof des Reiches, Siegfried von Mainz. Dieser ließ seinen Blick, grimmig wie immer, über die versammelten Bischöfe schweifen und flüsterte dem König zu, es fehlten nur einige Kranke und die wenigen Sachsen und Bayern, von denen man seit langem wisse, daß sie zur päpstlichen Partei übergelaufen seien. Dann sprach er mit lauter Stimme: »Auf die deutsche Kirche kannst du dich verlassen, König, wir stehen in diesem Kampf auf deiner Seite!« Wipo notierte: rauschender Beifall. »Nicht wir haben diesen Kampf begonnen«, fuhr der Erzbischof fort, »der Mönch Hildebrand warf uns den Fehdehandschuh hin.« Aha, dachte Wipo, er vermeidet die Worte Papst und Gregor; ein deutlicher Hinweis auf das, was folgen wird. »Unser König tut nichts anderes, als seine angestammten, ihm von Gott verliehenen heiligen königlichen Rechte zu verteidigen, wie es unbestrittene Tradition war, seit zum ersten Male ein deutscher König, Otto I., die Kaiserkrone trug! Was haben seine Vorgänger anderes getan, als die Kirche zu schützen, insbesondere den Bischof von Rom? Wie oft mußten sie ihm gegen seine Feinde mit Waffen zu Hilfe kommen? Unsere Könige und Kaiser förderten die Reformen und waren um die Reinheit der Kirche besorgt, lange vor den Päpsten. Bis vor wenigen Jahren wurde das von Rom auch anerkannt. Forderte nicht Hildebrand selbst nach seiner illegalen Ausrufung zum Papst unsern König auf, diese Wahl zu verwerfen, weil er sich des hohen Amtes nicht würdig

fühle? Und auf einmal soll das alles nicht mehr gelten? Ich frage darum: Wer bricht den Frieden, wer hält sich nicht ans Recht, wer setzt die Einheit der Kirche aufs Spiel? Wir oder er?«
»Er! Er! Nieder mit Hildebrand! Hoch lebe der König!« schrie es wieder aus deutschen Bischofskehlen. Trotz des Jubels, den er entfacht hatte, blickte der Mainzer Erzbischof grimmiger drein denn je. Oder war das seine Art, Freude zu zeigen? Der König stand unbewegt neben ihm. Nur die Blässe seines Gesichts verriet, wie sehr er sich des Ernstes dieser Stunde bewußt war. Dann gab er dem Herold einen Wink, das Schreiben nach Rom, das in langen Besprechungen mit seinen Räten abgefaßt worden war, der Versammlung vorzulesen. Obwohl jeder ahnte, was es enthielt, lauschten alle gespannt.
Der junge Herold entrollte das Sendschreiben und trug es mit heller, klarer Stimme ausdrucksvoll vor: »Heinrich, nicht durch Anmaßung, sondern durch Gottes heiligen Willen König, an Hildebrand, nicht Papst, sondern falscher Mönch! Diesen Gruß hast du als Unruhestifter verdient, der du jeden Stand in der Kirche verfluchst anstatt ihn zu segnen. Laß es mich in kurzen Worten sagen: Erzbischöfe, Bischöfe und Priester hast du als willenlose Sklaven mit deinen Füßen getreten. Sie alle stellst du als Unwissende, dich allein als den Wissenden dar. Bisher duldeten wir alles, aus Ehrfurcht vor dem Apostolischen Stuhl. Du aber hieltest Ehrfurcht für Furcht. Du erhobst dich gegen die königliche Gewalt selbst, die uns Gott verliehen hat, und drohtest, sie uns zu entziehen, als ob Herrschaft und Reich nicht in Gottes, sondern in deiner Hand lägen. Christus hat uns zum Reich, nicht dich zum Papsttum berufen. Du hast es durch List und Betrug gewonnen. Deiner Mönchskutte zum Hohn hast du mit Geld Gunst, mit Gunst Waffen und mit Waffen den Friedensstuhl erlangt, von dem herab du jetzt den Frieden störst. Sagte nicht Petrus, der wahre Papst: Fürchtet Gott, ehrt den König? Du aber, weil du Gott nicht fürchtest, mißehrst mich, den Gott

selber eingesetzt hat. Steige also herab vom Apostolischen Thron, den du erschlichen hast, damit ihn ein anderer besteige, der nicht der Religion Gewalt antut, sondern die unverfälschte Lehre des heiligen Petrus lehrt. Ich, Heinrich, von Gottes Gnaden König, rufe dir mit all unseren Bischöfen zu: Steig herab, steig herab!«
Der Herold rollte das Schreiben zusammen und reichte es dem jungen König, der es hochhielt wie einen Triumphstab. Ohrenbetäubender Beifall hallte durch die Kirche. Erzbischöfe, Bischöfe und Prälaten niederer Grade drängten, schoben, quetschten sich nach vorn, um ihre Unterschrift unter den königlichen Brief zu setzen. Endlich lächelte Heinrich, sogar der grimmige Mainzer lachte – sich ins Fäustchen.
Wipo suchte seinen Bischof, fand ihn aber in dem episkopalen Trubel nicht, erst draußen auf dem Platz vor dem Dom, wo sich die Teilnehmer des Konzils in zwangslosen Gruppen trafen, um über das herausfordernde Schreiben des Königs zu debattieren. Wipo reichte dem Bischof die vollgeschriebenen Blätter und entschuldigte sich, daß er bei den antipäpstlichen Äußerungen der Bischöfe nicht auch den Namen des jeweils Sprechenden hinzufügen konnte; bei dem Tumult sei das nicht möglich gewesen. »Ist auch nicht nötig. Es ist alles dieselbe Bagage – bis auf ganz wenige, und die kenne ich. Eine tolle Leistung, Wipo!« Er klopfte ihm gönnerhaft auf die Schulter. Wipo hätte es lieber gesehen, wenn er ihm den vereinbarten Lohn für die Geschwindschreiberei ausgezahlt hätte. Doch den wollte der Bischof erst herausrücken, wenn er die tironischen Noten in Reinschrift übertragen hätte. Wipo knurrte vernehmlich – oder war es sein Magen? Doch was blieb ihm als geistlichem Hungerleider anderes übrig, als seinem geistlichen Brötchengeber zu parieren? Im stillen gab er sich der Hoffnung hin, der Bischof werde ihn vielleicht ganz in seine Dienste nehmen.
So kam es auch, freilich ganz anders, als Wipo es erwartet hatte.
Als er spätabends den Bischof aufsuchte, um ihm die gut

leserliche lateinische Reinschrift abzuliefern, saß der hohe Herr aus Würzburg mit seinem Kollegen aus Metz, Hermann, beim Wein. Erst getraute sich Wipo nicht, die beiden zu stören, die in ein wichtiges Gespräch vertieft schienen. Doch Adalbert winkte ihn herbei und forderte ihn auf, Platz zu nehmen. Als er zögerte, drückte ihn der massige Bischof auf den Stuhl nieder.

»Setz dich, mein Junge. Sonst fällst du womöglich um vor Schreck. Ich befehle dir nämlich, morgen, noch vor Sonnenaufgang, nach Rom aufzubrechen. Vielleicht hast du gemerkt, daß nur zwei Bischöfe nicht unterschreiben wollten, aber von den Wortführern der königlichen Partei unter Druck gesetzt wurden: der Bischof von Metz und ich.« Wipo hatte nichts davon gemerkt.

Der Bischof fuhr fort: »Wir beide stimmen nur in ganz wenigen Punkten mit dem Schreiben des Königs überein, möchten uns aber vor allem von seinen anmaßenden Formulierungen distanzieren: ›Steig herab!‹ und so weiter. In vier Wochen eröffnet Gregor im Lateran die Fastensynode. Zu ihr hat er auch den König eingeladen. Der König wird begreiflicherweise nicht in der Höhle des Löwen erscheinen, sondern dem Papst durch einen Boten seine unglückselige Kriegserklärung zustellen lassen. Was dann passiert, ist klar: Jeder, der den Brief unterschrieben hat, wird genauso gebannt werden wie der König – falls er nicht rechtzeitig widerruft. Ich gebe dir in Bischof Hermanns und meinem Namen ein entsprechendes Schreiben an den Papst mit. Unter absoluter Geheimhaltung, hast du mich verstanden! Gib dich als frommen Pilger aus, der zu den Gräbern der Apostelfürsten wallt. Da bist du völlig unverdächtig. Verrate niemandem, in wessen Dienst du stehst. Solltest du diesen Auftrag zu meiner Zufriedenheit erfüllen, wirst du es nicht zu bereuen haben. Die Pfarre Randersacker muß neu besetzt werden, brave Leute und exzellenter Wein, weit besser als dieser süße Pfälzer hier.«

Da merkte er endlich, daß Wipos Becher noch leer war, und schenkte ihm ein. »Ich glaube, das wäre eine angemessene Pfründe für dich.« Wipo glaubte das auch.
»Du darfst auf keinen Fall später in Rom eintreffen als der Bote des Königs. Wer das sein wird, weiß vorläufig noch niemand. Es ist ja auch keine Aufgabe, nach der sich ein ehrgeiziger Mensch drängen würde. Schon mancher Unglücksbote hat seine Unglücksbotschaft mit dem Leben bezahlt. Aber keine Angst, du wirst in Rom kein Unglücksbote sein, im Gegenteil. Mein Brief dürfte dem Papst klarmachen, daß die Front seiner Gegner in Deutschland nicht so fest geschlossen ist, wie er befürchtet. Komm morgen vor der Frühmesse zu mir, um einen Geleitbrief, eine Liste befreundeter Klöster und meinen Reisesegen zu empfangen.«
»Und vor allem gehöriges Reisegeld! Wenn er nämlich die Strecke bis Rom in vier Wochen schaffen soll, braucht er ein Reittier, und nicht das schlechteste!« sagte der Bischof von Metz lachend. Er wußte, welch seelisches Bauchweh jede Geldforderung seinem Würzburger Kollegen bereitete. Der galt nicht umsonst als der ärgste Geizkragen unter den Bischöfen des Reiches. Und das will etwas heißen!
Adalbert knauserte diesmal nicht, sondern gab Wipo eine stattliche Geldsumme mit. Die Sache war ihm zu wichtig. Lieber einen Boten zu gut bezahlen als die Einkünfte eines ganzen Bistums verlieren!
Als beste Reisezeit nördlich der Alpen gilt der Februar zwar nicht, doch anno 1076 bescherte Sankt Petrus den Deutschen einen ungewöhnlich milden Winter, so daß Wipo bis Basel mit dem Schiff fahren konnte. Erst in der Schweiz begann es zu schneien. Nachtquartier fand Wipo in den Klöstern. Bischof Adalbert hatte auf seiner Liste die königstreuen Klöster mit einem roten Kreuz, die papsttreuen mit einem schwarzen Punkt gekennzeichnet. Freilich war auf diese Kennzeichnung kein rechter Verlaß. Manches angeblich königstreue Kloster erwies sich bei genauerem Hinsehen als gar nicht sehr

königstreu. Gerüchte über das Nationalkonzil in Worms waren Wipo vorausgeeilt, und wenn er im Gespräch durchblicken ließ, er sei an jenem Tag, natürlich rein zufällig, in Worms gewesen, bestürmten ihn die Mönche mit neugierigen Fragen. Die von vornehmer Abkunft waren, standen fast alle auf der Seite des Königs und seiner getreuen Bischöfe und Äbte. Sie hatte die Drohung des Papstes, den Bannstrahl gegen den König zu schleudern, aufs äußerste empört. Auch wenn Heinrich in ihren Augen kein so würdiger Inhaber der königlichen Macht wie sein Vater war – ein König war und blieb in ihren Augen eine geheiligte Person, mit der auch ein Papst nicht umspringen konnte wie mit einem gemeinen Kirchendieb! Noch dazu ein Papst, dessen Gewissen kaum so weiß war wie das Gewand, das er trug. Und dann zählten sie die sattsam bekannten Vorwürfe gegen Gregor VII. auf, vom Teufelspakt bis zur unrechtmäßigen Papstwahl.

Doch fast in jedem Kloster hatte der Papst auch seine Sympathisanten, meistens bei den Mönchen ärmerer Herkunft. Sie erblickten in ihm den unerschrockenen Vorkämpfer für eine reinere Kirche und sparten nicht mit anzüglichen Bemerkungen über den hohen Klerus in deutschen Landen, der seine geistlichen Pflichten vernachlässige, sich dafür nur seinen politischen widme, lieber das Schwert führe als den Krummstab und verschwenderischen Luxus treibe, anstatt in apostolischer Armut zu leben.

Eine dritte Gruppe begriff überhaupt nicht, warum sich der Kampf zwischen dem jungen König und dem Papst so zugespitzt hatte. Hatten sie nicht beide jahrelang freundschaftliche Briefe miteinander ausgetauscht? Wollten sie nicht gemeinsam die Reformen vorantreiben, vor allem die Besserung des verweltlichten Priesterstandes? Und nun sollte das alles in die Brüche gehen, nur weil der König, auf sein gutes Recht vertrauend, in Italien ein paar Bischöfe eingesetzt hatte, die dem Papst nicht behagten? Hatte man in Rom so schnell vergessen, wie man zwanzig Jahre zuvor Kaiser Heinrich III. als Retter der Kirche und des Papsttums gefeiert hatte? Dabei hatte dieser nicht nur Bischöfe, sondern Päpste ab- und eingesetzt, zum Segen der ganzen Christenheit. Gewiß, Heinrich IV. besaß nicht das charakterliche Format seines Vaters. Gerüchte über seine Verschlagenheit, Grausamkeit und Lüsternheit waren durch die dicksten Klostermauern gedrungen. Aber war das ein Grund, seine Autorität anzufechten? Hatte es nicht Päpste mit viel schlimmeren Lastern gegeben, und hatte man sie nicht trotzdem als Träger des höchsten geistlichen Amtes respektiert? Der Papst sei der Ältere, so meinte man in dieser dritten Gruppe, ihm komme es zu, auch der Klügere zu sein und einzulenken, anstatt das Feuer zu schüren. Wie sollte sich der beklagenswerte Zustand der Kirche bessern, wenn sich die geistliche und weltliche Gewalt wütend bekämpften und gegenseitig nicht mehr anerkannten?

Wenn Wipo in den Klöstern am Kaminfeuer den Streitgesprächen der Mönche lauschte, fühlte er sich der dritten Gruppe am ehesten zugehörig. Im stillen hoffte er, daß der Brief, den er zu überbringen hatte, auch auf diesen versöhnlichen Ton gestimmt war.

Auf dem gefährlichen Weg über die Alpenpässe schloß sich Wipo einer Pilgerschar an. Diese frommen Leute kümmerten sich wenig um das Unwetter, das sich über Kirche und Reich zusammenbraute. Unverdrossen sangen sie ihre Wallfahrtslieder, ob es stürmte oder schneite. Abends saßen sie in den Pilgerhospizen am Kamin beisammen, labten sich an Schweizer Käse und welschem Wein und erzählten sich erbauliche und grausliche Geschichten. Hin und wieder schimpften auch sie über den Papst und seine Neuerungen. Zwar hielten sie es für richtig, daß er gegen Äbte, Bischöfe und andere Prälaten vorging, die sich ihre Ämter erkauft hatten. Sie billigten es auch, daß er den mancherorts verlotterten Priesterstand geistlich und sittlich bessern wollte. Aber, so fragten sie, schoß er dabei nicht übers Ziel hinaus? Sie fragten Wipo, ob es stimme, daß der Papst es verboten

habe, am Gottesdienst ›beweibter Priester‹ teilzunehmen und bei ihnen zu beichten. Als Wipo das bestätigte, schüttelten die braven Pilger den Kopf: »Ja, um Himmels willen, wohin sollen wir dann zur Sonntagsmesse gehen, wenn es in unserer Gegend nur beweibte Priester gibt? Sollen wir etwa jedesmal ins nächste Kloster pilgern, das zwei Tagesreisen entfernt ist?« Ein solches Verbot, meinten sie, könne nur jemand in den Sinn geraten, der im Kloster aufgewachsen sei und von der wirklichen Welt keine Ahnung habe. Das wollten sie dem Papst persönlich ›ausdeutschen‹, wenn sie ihm begegneten bei ihrem Besuch der sieben Hauptkirchen Roms.
Am liebsten wäre Wipo mit den Pilgern weitergezogen. Doch sie hatten es nicht so eilig wie er. Sie wollten erst zum Osterfest in Rom eintreffen und auf dem Weg dorthin möglichst viele Heiligtümer besuchen.
In Bologna schloß sich Wipo ein junger Geistlicher an, blond, blauäugig und hochgewachsen, Roland hieß er und stammte aus Parma. Er kannte sich in der Politik besser aus als in der Theologie und würde daher sicher einmal einen Bischofsstuhl besteigen. Von ihm erfuhr Wipo, daß der Beschluß der Wormser Synode von den Bischöfen der Lombardei einstimmig begrüßt worden sei. Auch sie hatten den Brief des deutschen Königs unterschrieben. Roland berichtete das mit leuchtenden Augen. Er schwärmte für die Deutschen, und ihren König vergötterte er geradezu. Da riskierte es Wipo, ihm zu erzählen, daß er in Worms »Mäuschen« gespielt und für seinen Bischof ein Protokoll mitgeschrieben habe. Im Gegenzug verriet ihm Roland, daß ein Bote unterwegs sei, um im Lateran rechtzeitig zum Beginn der Fastensynode die Briefe der deutschen und der lombardischen Bischöfe zu übergeben. Zwei Tage später verriet er auch, daß er, Roland, dieser Bote sei. Da hatte er sich mit Miesmuscheln, die offensichtlich nicht mehr die frischesten waren, den Magen gründlich verdorben. Er litt die ganze Nacht Höllenqualen, wand sich in Krämpfen und stöhnte gottserbärmlich. Und weil er fürchtete, sein

letztes Stündlein sei gekommen, er müsse womöglich in diesem miserablen Wirtshaus anstatt auf einem Bischofsstuhl enden, vertraute er Wipo sein Geheimnis an. Sollte er die Reise ›für immer abbrechen müssen‹, dann solle Wipo die beiden Briefe, die er in sein Wams eingenäht habe, heraustrennen, nach Rom mitnehmen und zu Beginn der Fastensynode im Lateran dem ›falschen Mönch Hildebrand‹ übergeben. »Ich lege dir das Schicksal des Reiches und der Kirche ans Herz!« erklärte er mit Pathos – und schleppte sich wieder fluchend auf den Abtritt.

Wipo sank das Herz zunächst einmal in die Hosen. Die halbe Nacht bestürmte er den Himmel, Roland wenigstens soweit wiederherzustellen, daß dieser weiterreisen könne. Ihm fielen sämtliche Schauergeschichten aus dem Alten Testament und der germanischen Heldensage ein von Unglücksboten, die für das Überbringen einer schlimmen Nachricht geköpft, gerädert oder gevierteilt worden waren. Drohte ihm etwa ein ähnliches Schicksal?

Der Himmel hatte ein Einsehen. Roland büßte zwar in dieser Nacht einige Pfunde ein, doch seine Lebensgeister kehrten zurück. Nach zwei Tagen mußte er sein Roß zügeln, damit es Wipos Maultier nicht enteilte. Am liebsten wäre er nach Rom galoppiert, doch weil ihn Wipo nicht im Stich gelassen hatte, wollte es Roland auch nicht tun.

Pünktlich am Vorabend der Fastensynode erreichten die beiden Boten das ›Sündenbabel am Tiber‹, wie sich Roland ausdrückte. In erstaunlicher Gemütsruhe bereitete er sich auf den großen Auftritt am nächsten Morgen vor, sogar kosmetisch: Er ließ sich die Haare schneiden, den Bart stutzen und seinen Talar bügeln. »Wenn man schon einmal die Bühne des Welttheaters betritt«, sagte er, »muß man guten Eindruck hinterlassen.«

»Hoffentlich ist es nicht der letzte, den du hinterläßt.«

»Ach was, ich traue Hildebrand zwar viele Schurkereien, aber keinen Gesandtenmord zu. Schließlich möchte er dereinst als Heiliger die Altäre besteigen«, spottete er.

Wipos Befürchtung, der Lateranpalast sei von päpstlichen

Soldaten bewacht, erwies sich als überflüssig. Man erblickte Menschen jeden Standes, aber nur wenige Bewaffnete. Viele Schaulustige hatten sich eingefunden. Man wußte zwar inzwischen, daß der König nicht erscheinen würde, rechnete aber mit einem ranghohen Gesandten, dem Erzbischof von Mainz oder von Mailand.
Wipo hatte keine Schwierigkeit, in die Basilika zu gelangen, wo sich über hundert Bischöfe um den Papst versammelt hatten. Wipo schlängelte sich unauffällig möglichst weit nach vorn. In einer Ehrenloge entdeckte er Kaiserin Agnes, die Witwe des großen Heinrich III. und Mutter des jetzigen Königs. Sie lebte schon einige Jahre in Rom und unterstützte Gregor bei der Kirchenreform. Sie war in tiefes Schwarz gekleidet, als ahnte sie, in welche Trauer sie dieser Tag noch stürzen würde.
Als Wipo den Papst erblickte, war ihm eines sofort klar: Bestünde noch der alte Brauch, Konflikte durch Zweikämpfe zu entscheiden, hätte der Papst gegen den König nicht die geringste Chance. Er war nicht nur viel kleiner als der König, sondern auch schmächtig, ja er wirkte geradezu zerbrechlich. Mit seinem schmalen Schädel, der zerfurchten Stirn und den eingefallenen Wangen, mit der spitzen Nase und den dünnen Lippen glich er fast einem Leichnam, zumal er seine Augen noch geschlossen hielt. Diese Augen freilich, hatte Wipo gehört, sollten ungeheuer lebendig sein – von mystischer Glut erfüllt, nach der Meinung seiner Freunde, von dämonischem Zauber entflammt, nach der Auskunft seiner Feinde. Eine objektive Beurteilung dieses Menschen schien nicht einmal bei seinen Augen möglich zu sein, geschweige denn bei seinem Charakter.
Beim Glockenschlag erhob er sich, schlug ein großes Kreuz und intonierte das ›Veni creator spiritus‹ mit überraschend heller, fast jugendlicher Stimme. Die Augen öffnete er noch immer nicht, sondern erst, als das Amen nach der letzten Strophe verklungen war, sich die Bischöfe auf ihre Sitze niederließen und aller Blicke erwartungsvoll auf den Papst gerichtet waren. Er aber, Gre-

gor VII., grüßte nicht in die Runde seiner Getreuen. Seine Augen fixierten sofort den Mann, der vom Portal her durch den Mittelgang auf ihn mit festen Schritten zukam. Er hatte dem Stadtpräfekten seine Vollmacht gezeigt und ungehindert die Kirche betreten dürfen. Niemand der Versammelten kannte Roland von Parma, aber jeder wußte, wessen Bote er war.

Die Synode hielt den Atem an. Nichts war zu hören außer den hallenden Schritten Rolands auf dem Marmorboden der Basilika. Kaiserin Agnes beugte sich aus ihrer Ehrenloge, Gregor stand unbeweglich. Roland trat vor bis zur untersten Stufe des Papstaltars, warf sich aber nicht zum Fußkuß nieder, beugte nicht einmal die Knie, sondern begnügte sich mit einer knappen Verneigung des Kopfes. Ein bedrohliches Murren brandete durch die Versammlung, bis der Papst durch ein Handzeichen Ruhe gebot.

Aufreizend langsam entrollte Roland das königliche Schreiben. Dann las er es mit heller und klarer Stimme vor:

»König Heinrich der Vierte und alle Bischöfe Deutschlands wie der Lombardei befehlen dir in diesem Schreiben, unverzüglich vom angemaßten Thron herunterzusteigen; denn ohne ihren und des Königs Willen darf niemand zu solcher Würde gelangen. Euch aber, Brüder« – er wandte sich nach rechts und links zu den Bischöfen –, »euch aber lade ich im Namen des Königs aufs kommende Pfingstfest vor sein Angesicht, damit ihr aus seiner Hand einen wahren Papst empfangt. Denn dieser hier ist kein Papst, sondern ein reißender Wolf!«

Einen Herzschlag lang schien alles damit zu rechnen, daß ein Blitz vom Himmel auf den Frevler niederzucken und ihn zerschmettern mußte. Doch da das nicht geschah, gellte ein einziger Schrei der Empörung durch die Kirche. Bischöfe sprangen von ihren Sitzen auf. Ein dikker Kardinal gab das Zeichen zum Angriff und rief: »Packt den Lästerer!« Schon stürzte der Stadtpräfekt

mit gezücktem Degen auf Roland zu, da zerschnitt die hohe Stimme des Papstes den Tumult: »Hände weg von ihm! Der Bote steht unter meinem Schutz.« Und er legte seine Rechte auf Rolands Schulter.
Die Bischöfe drängten sich zum Papst, forderten ihn auf, den Bann über Heinrich und seine Bischöfe nicht mehr aufzuschieben, sondern an Ort und Stelle auszusprechen. Mit unbewegter Miene hörte sich der Papst die aufgeregten Bischöfe an, sprach dann, um sie zum Schweigen zu bringen, ein langes Gebet, beschied die Synode auf den nächsten Tag und begab sich in die Sakristei.
Die Bischöfe verließen die Kirche noch lange nicht. Erregt debattierten sie über die frechen Worte des königlichen Boten. Vielleicht hätten sie ihn doch noch in Stücke zerrissen, wären sie seiner habhaft geworden. Doch der Papst hatte ihn mit in die Sakristei genommen. (Wipo sollte Roland nie mehr wiedersehen. Angeblich wurde dieser jahrelang eingekerkert, bis ihn der König auf seinem Romzug befreite und ihn zum Bischof von Treviso ernannte.)
Wipo war auf der Suche nach einem vertrauenerweckenden Würdenträger, dem er das Schreiben seines Bischofs anvertrauen könnte, damit es der Papst möglichst bald in die Hände bekommen und Bischof Adalbert nicht auch der Strafe des Bannes verfallen würde.
Wie er so durch die Reihen der Bischöfe ging, schnappte er eine Menge Sätze und Worte auf, die er am liebsten so wenig gehört hätte wie jene in Worms.
»Dieser Barbar muß den Verstand verloren haben! Was für eine Unverschämtheit, den Papst zum Rücktritt aufzufordern! Ausgerechnet er, der den schändlichsten Lastern frönt! Wenn ihn die Sachsen nur rechtzeitig erschlagen hätten! Schaut seine Mutter an, die treueste Tochter der Kirche! Weiß er überhaupt, was er ihr antut? So sind die Deutschen schon immer: anmaßend, hochfahrend, machtgierig! Genau wie dieser königliche Bote!« Wipo wußte es besser, aber er hütete sich zu

sagen, daß Roland ein waschechter Italiener aus Parma sei.
An einer scharfen Reaktion des Papstes zweifelte niemand. Nur einige wenige hofften gegen alle Hoffnung, daß er noch nicht zum äußersten Mittel greifen werde, zum Kirchenbann, der Heinrich aus der Gemeinschaft aller Christgläubigen ausstoßen würde.
Endlich fand Wipo einen Kardinal, der Vertrauen zu verdienen schien, bat ihn um ein kurzes Gespräch unter vier Augen und teilte ihm mit, daß er einen Brief an den Papst bei sich trage, in welchem sich deutsche Bischöfe vom Brief des Königs distanzierten.
»Optime, optime«, rief der Kardinal aus. »Eine erwünschtere Botschaft kannst du gar nicht bringen. Wie heißt dein Bischof?«
»Adalbert.«
»Adalbert? Der Name klingt nicht gut in römischen Ohren.« Er dachte wahrscheinlich an Adalbert von Bremen, den Erzieher des Königs und mächtigsten Kirchenfürsten des Reiches, der selber Papst werden wollte.
»Nicht Adalbert von Bremen, Adalbert von Würzburg. Ich nehme an, er wird nicht der einzige sein, der seine Unterschrift zurückzieht.«
»Sieh mal an, eure deutschen Bischöfe! Erst reißen sie das Maul auf, dann ziehen sie den Schwanz ein.« Der Kardinal pfiff spöttisch durch die Zähne. »Nun, den Papst wird es freuen.« Er nahm den Brief, klopfte Wipo gönnerhaft auf die Schulter und verschwand in Richtung Sakristei. Zu einem Botenlohn hätte er sich schon aufraffen können, wenigstens zu einem Deo gratias, dachte Wipo verstimmt. Doch wahrscheinlich vergißt man das Danken um so schneller, je höher man nach oben steigt.
Die anmaßende Antwort des deutschen Königs an den Papst hatte sich mit Windeseile in Rom herumgesprochen, und so füllte sich am nächsten Morgen die Lateranbasilika bis auf den letzten Platz. Zunächst ließ der Papst die Briefe verlesen, die ihm Roland übergeben hatte, erst

den der deutschen, danach den fast gleichlautenden der lombardischen Bischöfe. Dann sprach er – in sehr ruhigem, keineswegs erregtem Ton – den Bannstrahl aus über den Erzbischof von Mainz und die Bischöfe von Utrecht und Bamberg, die er für die Häupter der Verschwörung hielt. Den übrigen Bischöfen befahl er, sich ihm in Rom persönlich zu unterwerfen, sonst würden auch sie gebannt. In einem Nebensatz ließ er durchblicken, daß zwei bereits ihre Unterschrift bereut und um Vergebung angesucht hätten. Wipo atmete auf; also hatte der Kardinal den Brief übergeben!

Zum Schluß sprach Gregor ein feierliches Gebet an den Apostelfürsten Petrus. Darin schloß er den deutschen König aus der Gemeinschaft der Gläubigen aus, erklärte ihn für abgesetzt, entband alle Christen von ihrem Treueid gegen den König und sprach den Fluch über ihn: »Damit die Völker wissen und erfahren, daß du Petrus bist, daß der Sohn des lebendigen Gottes auf dich seine Kirche gebaut hat und daß die Pforten der Hölle sie nie überwältigen werden.«

Ein Beifall brandete auf, wie ihn Wipo bisher nur in der Versammlung in Worms erlebt hatte. Nur eine Frau jubelte nicht mit, sondern verhüllte in Trauer ihr Haupt: Kaiserin Agnes, die Mutter des gebannten Königs. Hatte sie dasselbe Gefühl wie Wipo, daß die Welt mit diesem Donnerschlag aus den Fugen geraten war? Daß ein dreihundertjähriges Bündnis zwischen der geistlichen und der weltlichen Macht zerrissen war, das bisher die Einheit der christlichen Welt garantiert hatte? Und zwar mutwillig zerrissen?

Wipo irrte ziellos durch die Ewige Stadt. Am liebsten hätte er seine Depression mit Frascatiwein hinweggespült, von dessen ›heilender Wirkung‹ er schon so viel vernommen hatte. Aber wo? In allen Kaschemmen und Tavernen machten sich die Anhänger Gregors breit, grölten und lärmten und rühmten sich ihres Sieges über die unverschämten Barbaren jenseits der Alpen. Da wagte er es nicht, sich als Deutscher zu ihnen zu setzen. So blieb

Wipo der Trost eines Rausches versagt; todmüde schleppte er sich in sein Quartier und versuchte im Gebet die innere Balance wiederzugewinnen. Vergeblich. Irgendwann muß er doch eingeschlafen sein. Da glitt eine Hand über seine Stirn und er erwachte.
»Wer bist du?«
»Ich bin Historiel, der Engel der Geschichte.«
»Historiel? Nie davon gehört.«
»Darum rede ich ja jetzt mit dir.« Er fuhr Wipo tröstend über den naßgeschwitzten Kopf. Ein Engel darf das. »Ich weiß, warum du weinst, warum du nicht schlafen kannst, warum du so lange auf den Knien den Himmel bestürmt hast. Die Zukunft der Christenheit macht dir Angst.«
Wipo ergriff die Hand des Engels, als wollte er sich daran festklammern. »Weißt du, was heute passiert ist? Was frag ich da so dumm, als Engel weißt du es natürlich: Hat es in der Geschichte der Christenheit schon ein vergleichbares Ereignis gegeben? Ein Papst bannt den König! Mögen seine Anhänger diesen Triumph in den Kneipen Roms begießen, ihr Jubel wird bald in Jammer umschlagen. In einem solchen Kampf kann es nur Verlierer geben, und die ärmste Verliererin wird die Kirche selber sein.«
Jetzt fühlte sich der Engel der Geschichte zur Korrektur – oder muß man sagen: zur Besserwisserei? – herausgefordert. »Ja und nein«, sagte er. »Der erste Fall war es nicht. Schon mehrmals schlossen Päpste, ja sogar Bischöfe Herrscher so lange aus der kirchlichen Gemeinschaft aus, bis sie Buße leisteten. Allerdings handelte es sich da immer um sittliche Verfehlungen: zum Beispiel bei Kaiser Theodosius. Der Bischof Ambrosius zwang ihn zur Kirchenbuße, weil er in Saloniki ein Blutbad angerichtet hatte. Auch in Byzanz gab es ähnliche Fälle, freilich alle vor vielen hundert Jahren.«
»Sittliche Verfehlungen! Die kann man Heinrich natürlich ankreiden, aber die sind ja nicht der Grund! Es geht um Macht, nur um die Macht, getarnt durch das Schlag-

wort von der Freiheit der Kirche! Freiheit – ich fürchte, sie wird bald vogelfrei sein, wenn sie kein Kaiser schützt! Was wird denn als nächstes passieren? Bischof wird gegen Bischof, Fürst gegen Fürst, Kloster gegen Kloster aufstehen, Stadt gegen Stadt. Der Riß wird mitten durch die Gemeinden gehen: hie Kaiser, hie Papst! Zum Bürgerkrieg wird es kommen. Und dann werden Tausende von Männern ihr Leben verlieren, Waisen und Witwen durch die verwüsteten Dörfer und Städte irren! An die Stelle von Treu und Glauben werden Betrug und Gemeinheit treten, Parteihaß die Brüderlichkeit töten. Ich sage dir eines, Engel der Geschichte: Ich sehne mich zurück nach den Zeiten eines Nero und Diokletian. Damals waren die Fronten klar: Heiden gegen Christen. Künftig verläuft die Front innerhalb der Christenheit. Eine solche Zerreißprobe überlebt die Kirche nie!«
Wipo brach in Tränen aus. Historiel ließ ihn zwei Minuten weinen, dann reichte es ihm und er sagte: »Hör auf mit dem Heulen!«, und zwar mit einer so unengelhaften Barschheit, daß Wipo vor Schreck die Schleuse schloß. »Die Kirche hat Schlimmeres überlebt und wird Schlimmeres erleben. Schon sind jene Männer und Frauen geboren – zumindest ihre Eltern –, welche die Kirche von innen heraus erneuern werden, wenn sie von ihrer angemaßten Höhe heruntergestürzt ist. Ein paar Namen wirst du noch selber kennenlernen: Bruno von Köln und seine Kartäuser, Bernhard von Clairvaux und seine Zisterzienser, Norbert von Magdeburg und seine Prämonstratenser und ein Jahrhundert danach zwei Kinder der Stadt Assisi: Franz und Klara. Der Papst in jener Zeit, obwohl so mächtig wie keiner vor ihm auf dem Stuhl Petri, leidet an ähnlichen Angstträumen wie du. Er sieht die gewaltige Laterankirche, die heute Schauplatz der Weltgeschichte war, schwanken und wanken, als wolle sie zusammenfallen. Und sie würde es auch tun, würde sich der kleine Mann aus Assisi nicht dagegenstemmen. Du wirst erst nach deinem Tod eine Menge von ihm hören. Er wird dir sicher gefallen.«

»Schön wäre es«, sagte Wipo. »Aber du bist der Engel der Geschichte, also der Vergangenheit. Wie kannst du so viel über die Zukunft wissen? Oder phantasierst du das nur zusammen, um mir Mut zu machen?«

»Vom Standpunkt der Ewigkeit aus, den ich von Standes wegen einzunehmen habe, sind Vergangenheit wie Zukunft reine Gegenwart. Allwissend bin ich deswegen noch lange nicht. So weiß ich nicht, ob es dir gefiele, um das Jahr 2000 zu leben, als bischöflicher Sekretär in Deutschland zum Beispiel: Bannflüche aus Rom sind schon lange kein Thema mehr. Konflikte zwischen politischer und geistlicher Macht leben gelegentlich wieder auf, meistens sind es Rückzugsgefechte, die zum Glück keine Leben mehr kosten. Doch es bilden sich wieder zwei Lager in der Kirche: die Traditionalisten, den Anhängern Heinrichs vergleichbar, und die Progressiven, den Gregorianern vergleichbar. Also eigentlich ein Spiel mit vertauschten Rollen. Denn jetzt sind es die strammen Freunde Roms, die zäh am Alten festhalten und am liebsten jeden in Grund und Boden verdammen würden, der es wagt, am Papst herumzunörgeln.«

Da mußte Wipo, so trüb es ihm ums Herz war, laut lachen. »Ja du liebe Zeit, welcher deutsche Bischof tut das heutzutage nicht? Er würde ja weder als Deutscher noch als Bischof ernst genommen. Selbst die Anhänger Gregors ersparen ihm nicht heftige Vorwürfe. Empfindliche Gemüter sollten mal einen Ausflug in mein Jahrhundert machen!« Worin ihm Historiel nur zustimmen konnte.

Finis

Peter klappte das Heft zu und blickte zum Emeritus. Der hatte sein Schläfchen längst beendet und schon eine Zeitlang Peter beim Lesen beobachtet.

»Der letzte Abschnitt stammt kaum aus dem Zweiten Weltkrieg!« sagte Peter. Der Emeritus erwiderte lä-

chelnd: »Natürlich nicht. Den verfaßte ich an dem Abend, als mich dein Anruf erreichte. Die Geschichte vom Blitz aus Worms und dem Donner aus Rom brauchte noch einen richtigen Schluß. Gott sei Dank bist du kein Mitglied des Heiligen Offiziums und kreidest es einem senilen Kirchengeschichtler nicht als Vermessenheit an, sich die Flügel eines Engels überzustreifen. Ich lege sie sowieso gleich wieder ab.« Und er stopfte sich von neuem seine Pfeife. »War der Tobak am Anfang der Geschichte etwa zu stark für dich?«
»Für mich nicht«, antwortete Peter. »Ich habe schließlich während meines Studiums einmal ein Buch über die publizistischen Fehden im Investiturstreit durchgeakkert. Da schleuderten Bischöfe weit schärfere Anschuldigungen gegen den Papst und waren doch größtenteils gottesfürchtige und kirchentreue Männer. Heutzutage aber gilt ja vielen schon eine höflich formulierte Kritik am Papst als innerkirchlicher Hochverrat. Wenn solche antipäpstlichen Tiraden wie die aus Worms aus dem Fernseher tönten, fürchte ich, würden die Gottesfürchtigen und Kirchentreuen voller Empörung abschalten, während sich die Kirchenfeinde schadenfroh die Hände reiben würden.«
Der Emeritus nickte: »Und sollte dann dein Name als Mitautor der Sendung auftauchen, würdest du mit bösen Briefen und Anrufen eingedeckt, daß dir Hören und Sehen verginge. Selbst dein wohlwollender Bischof könnte dich vor der Wut der Hundertfünfzigprozentigen nicht mehr schützen und müßte dich für längere Zeit in der Dritten Welt verstecken. Und der Weiße Hai würde triumphieren: Hab ich's nicht immer gesagt? Der schwarze Peter ist ein schwarzes Schaf!«
»Auf solche Reaktionen müßten wir uns wohl gefaßt machen. Doch deswegen lasse ich mir noch keine grauen Haare wachsen. Wer weiß, ob der Einfall aus der ›Kummerkiste‹ jemals das Leben auf dem Bildschirm erblickt. Außerdem sind wir es inzwischen gewohnt, die Geschichte der Kirche nicht mehr mit goldenem Pinsel zu

malen, sondern die Schatten kräftig hervorzuheben. Ein Problem bleibt aber noch. Der Investiturstreit, konzentriert auf die beiden Versammlungen in Worms und im Lateran, ließe sich filmisch sicher effektvoll aufbereiten mit so scharf profilierten Gegenspielern wie Heinrich und Gregor und einer tobenden Bischofsmeute. Doch wird der Zuschauer von heute, historisch mehr mit Vorurteilen gefüttert als mit Wissen ausgestattet, mehr als ein schaurig-schönes mittelalterliches Spektakel darin sehen? Wo findet er einen Zugang zu dem Geschehen? Uns trennen ja nicht nur neunhundert Jahre von Heinrich und Gregor, sondern ganze Welten! Wer kann sich einen so gigantischen Kampf zwischen Papst und Kaiser, zwischen Staat und Kirche für die heutige Zeit vorstellen? Nehmen wir an, unsere Regierung schafft die Kirchensteuer ab.«

»Dazu braucht sie die Zweidrittelmehrheit des Bundestags«, wandte der Emeritus ein.

»Nehmen wir an, die erhält sie. Wird dann der Papst seinen Bannstrahl über die Alpen senden und den Kanzler aus der Kirche ausschließen? Und alle Abgeordneten, die dafür stimmten, dazu? Natürlich nicht. Und wenn er es täte, würde das niemanden jucken, die Grünen nicht, die Roten nicht, die Braunen nicht, höchstens ein paar Schwarze.«

Der Emeritus nickte und sagte: »Umgekehrt wäre es genauso. Gesetzt den Fall, der Papst würde tatsächlich eine Kirchenstrafe verhängen; Regierung und Bundestag würden daraufhin, einmütig empört wie selten, nach Rom – womöglich per Telefax – die Aufforderung senden: Steig herab vom Stuhle Petri, denn du bist kein Papst, sondern ein reißender Wolf! Würde da nicht im Vatikanstaat, vom ältesten Kardinal bis zum jüngsten Schweizergardisten alles in amüsiertes Gelächter ausbrechen? Du hast völlig recht: das elfte Jahrhundert und das unsere lassen sich kaum miteinander vergleichen. Nur in einem Punkt gab es, als ich meinen Wipo auf die Reise schickte, eine Ähnlichkeit. Und sie war wohl der tiefste Grund für meine Geschichte: der quälende Konflikt zwischen der Treue zur Kirche und der Liebe zum Vaterland, ein Konflikt, den fast alle überzeugten Christen in der Wehrmacht, wir Priester besonders, durchzustehen hatten. Ein Konflikt, den sich die Jugend von heute, lieber Peter, kaum noch vorstellen kann, Gott sei Dank!«

Peter blickte auf die Uhr und sagte: »Leider gilt das für den uralten Konflikt zwischen Pflicht und Neigung nicht, Herr Professor. Ich habe heute noch einen wichtigen Termin in D., soll dort eine verfahrene Situation bereinigen. Der alte Pfarrer hatte den Türken erlaubt, die ehemalige Notkirche als moslemisches Bethaus zu benutzen; der neue Pfarrer, von einigen superkatholischen Seelen angefeuert, zog die Erlaubnis zurück. Das gab natürlich einen Mordswirbel. Vor allem, seit sich die Presse dieses Falles angenommen hat.«

»Ja, ja, ich entsinne mich, davon gelesen zu haben«, sagte der Emeritus. »Da wünsch ich dir viel Glück, eine angenehme Aufgabe ist das nicht. Aber sie erleichtert dir den Einstieg in meine dritte Geschichte. Mehr verrate ich nicht. Melde dich mal wieder, und wenn es auch nur telefonisch ist.«

Die letzte Bemerkung des Professors hatte Peter neugierig gemacht. Am selben Abend fand er natürlich keine Zeit mehr zur Lektüre. Doch am nächsten Morgen, zwischen heiliger Messe und Frühstück, griff er statt zur Tageszeitung zum dritten blauen Heft.

Zwei Patricks und ein Patriarch

Es geschah im Jahr 638 nach der Geburt des Herrn. Sophronios mit dem Beinamen der Sophist, geboren vor 80 Jahren in Damaskus, später Mönch geworden (ein sehr fanatischer sogar), in theologischen Streitigkeiten wegen seiner spitzen Feder und scharfen Zunge gefürchtet, war seit vier Jahren Patriarch von Jerusalem und sollte später als Heiliger im Himmel verehrt werden. Von dieser letzten Beförderung ahnte er aber noch nichts. Darum ließ er seine Wut ungebremst an seinem Zeremonienmeister aus, einem hakennasigen, zahnlosen Priester, der ausgerechnet Platon hieß.

»Du, nur du hast mir das eingebrockt!« tobte der Patriarch, der mit 80 Jahren noch das Temperament eines 18jährigen hatte. »Das war der dümmste Vorschlag deines Lebens, mich mit dem prachtvollen Ornat der Kaiserin Theodora zu bekleiden und so, aufgeplustert wie ein Pfau, dem Kalifen entgegentreten zu lassen. Hast du gesehen, wie bescheiden er gekleidet war, unser Besieger? Hast du natürlich nicht mit deinen schlechten Augen.«

Platon, derlei Zornesausbrüche gewohnt, behielt seinen Gleichmut. »Kleid würde ich so etwas gar nicht nennen, Euer Seligkeit«, antwortete er. »Ein schmutziges Beduinenhemd ist ein Fetzen, aber kein Kleid in meinen Augen, eines Siegers unwürdig. Er sollte sich schämen.«

»Wer sich schämen mußte, das war ich, der Verlierer im Prunkornat. Und daran bist nur du schuld mit deinem weisen Rat!«

Platon wagte einen zweiten Einwand. »Hätten Sie im härenen Bußgewand und mit bloßen Füßen einen besseren Eindruck gemacht?«

»Es wäre jedenfalls der Situation angemessener gewesen. Ach!« Der Patriarch, der während dieses Wortwechsels vom Zeremoniar mit geschickten Händen aus seinen

Prachtgewändern erlöst wurde, warf sich entmutigt auf das Ruhepolster. »War das ein Tag!« jammerte er. »Langsam empfinde ich Verständnis für die alten Römer, die ihrem Leben mit eigener Hand ein Ende setzten.«
»Selbstmord aus Angst vor dem Tode scheint mir, wenn ich das sagen darf, nicht die tapferste Haltung zu sein und eine christliche schon gar nicht, Euer Seligkeit!«
»Keine Sorge, Platon, ich bringe mich nicht um.« Er seufzte. »Ich habe auf Erden nur noch einen Wunsch: nicht mit dem Gesicht nach Mekka begraben zu werden. Verstehst du mich? Du blickst so entgeistert.«
»Akustisch verstehe ich Euch, sonst aber nicht. Darf ich mich für einige Minuten entschuldigen? Ich muß den Ornat der Kaiserin Theodora so gut verstecken, daß ihn keine Moslemnase aufspüren kann!«
»Meinst du, daß ich ihn noch einmal brauche?«
»Aber sicher. Wenn ich mir die Bemerkung erlauben darf: spätestens bei Ihrer feierlichen Aufbahrung in der Grabeskirche, Euer Seligkeit!«
Platon legte die kostbaren Gewänder kunstgerecht zusammen, strich, nein streichelte sie liebevoll glatt, faltete sie und trug sie auf beiden Armen hinaus wie ein Prinz seine Prinzessin ins Brautgemach.
Kaum hatte der Zeremonienmeister den Raum verlassen, streckte Sophronios ganz unpatriarchalisch alle viere von sich.
Was war eigentlich passiert, daß er so verzweifelt war?
Er hatte in der Mittagsstunde dieses bösen Tages dem Kalifen Omar die Schlüssel für die Stadttore überreicht und damit das heilige Jerusalem in die Hände des Moslems gegeben. Daß er diesen schweren Gang hatte tun *müssen*, machte ihn nicht leichter. Er hatte es kommen sehen, wie jeder, der mit wachen Augen das politische Kräftespiel verfolgte. Noch keine sechs Jahre ruhte Mohammed im Grabe, noch keine sechs Jahre! Und schon brausten seine Reiterscharen wie ein Wüstensturm durch das Morgenland, trieben die persischen Bogenschützen ebenso vor sich her wie die byzantinischen

Panzerreiter. Alles Land zwischen dem Mittelmeer und Mesopotamien hatten sie erobert, nur eine Stadt nicht, die sich als christliche Insel im islamischen Meer behauptete: Jerusalem, die heiligste von allen. Seit einem Jahr hatten die Truppen des Kalifen sie eingeschlossen, allerdings niemals einen Sturm auf die Mauern riskiert; sie hofften, daß der Hunger die Kapitulation erzwingen werde.

Die Verteidigung der Stadt leitete der alte Patriarch. Die Generäle des Kaisers hatten sich längst nach Konstantinopel oder Ägypten abgesetzt. Trotzdem hofften die Belagerten, der Kaiser, der einst so kühne und erfolgreiche Heraklius, werde sie nicht im Stiche lassen, sondern mit einer Armee anrücken und die Belagerer vertreiben. Doch die Moslems hatten in einer furchtbaren Schlacht die Truppen des Kaisers zerschlagen. Für eine neue Armee fehlte diesem einfach das Geld.

Sophronios wußte darüber Bescheid, trotzdem suchte er den Jerusalemiten Mut zu machen und predigte: »Das heilige Kreuz wird uns schützen!« Das heilige Kreuz, das derselbe Kaiser Heraklius vor neun Jahren den Persern entrissen und im Triumph auf eigenen Schultern durch die Via Dolorosa zur Grabeskirche getragen hatte! Und tatsächlich, der Kaiser war erschienen. Eines Abends hatte ein Bote Sophronios mit der Nachricht überrascht, Kaiser Heraklius warte vor der Grabeskirche auf ihn.

Sophronios lachte bitter auf, als er sich diesen Abend in Erinnerung rief. Er hatte es für einen schlechten Scherz gehalten – und genau genommen, war es auch einer!

In diesem Augenblick schlurfte Platon ins Zimmer, hüstelte und sagte: »Euer Seligkeit, zwei Fremde wünschen Sie zu sprechen.«

»Bin nicht zu sprechen.«

»Sie kommen von sehr weit her.«

»Und ich bin sehr weit weg!«

Platon zog sich geräuschlos zurück. Ihre Seligkeit schien ernstlich verstimmt zu sein.

Wer verstünde das nicht, wenn er hört, wozu Heraklius

damals gekommen war? Übrigens ohne Heer, nur mit einer kleinen, als Beduinen verkleideten Leibwache, nachdem er die Wachen am Schafstor mit 1000 Goldstücken hatte bestechen müssen. Wie ein Dieb war er in die Stadt geschlichen, nicht um die Belagerten zu trösten oder den Patriarchen mit dem höchsten Orden auszuzeichnen – nein, um das heilige Kreuz zu holen, gewissermaßen es selber zu entführen, bevor die Moslems das taten. Dem Patriarchen leuchtete diese Logik zwar nicht ein, aber was wollte er machen? Der Kaiser ist der Kaiser, auch wenn er sich das Gewand eines Kameltreibers überwirft. Unter Tränen überließ Sophronios dem Kaiser das Holz des Kreuzes. Als kleines Dankeschön gab ihm Heraklius noch einen klugen Rat: durch Unterhändler dem Kalifen Omar die Übergabe Jerusalems anzubieten, aber nur ihm persönlich. Er sei trotz seines falschen Glaubens ein edelgesinnter Mann und werde sein Wort verpfänden, daß die Einwohner der Stadt vor Plünderung, Brand und Mord bewahrt würden. Sophronios erbat sich einige Tage Bedenkzeit – der Kaiser war längst wieder auf dem Weg zum Meer, das heilige Kreuz im Gepäck –, dann schickte er drei Boten an Omar, der irgendwo weit weg in Armenien oder Persien das grüne Banner des Propheten aufrichtete. Nach sieben Wochen erhielt er Antwort. Omar stimmte zu. Schließlich konnte nichts sein Ansehen bei den Anhängern des Propheten mehr festigen als die kampflose Übergabe jener Stadt, von der Mohammed einst in den Himmel geritten war.
Wieder steckte Platon zuerst seine lange Nase, dann den ganzen Kopf herein. »Entschuldigt bitte die Störung! Die Fremden lassen sich nicht abwimmeln, sagt der Türhüter; er kriegt Angst, sie schauen sehr gewaltsam aus!«
»Dann soll er die stärksten Riegel vorschieben. Ich gebe heute keine Audienzen mehr. Mir reicht die beim Kalifen Omar!«
Maulend, aber gehorsam zog sich Platon zurück.
Dieser Omar! Möglicherweise würde Sophronios ihn nie mehr wiedersehen, doch er würde zeitlebens an ihn

denken. So einen Menschen vergißt man nicht. Und versteht ihn nicht: Wie konnte sich ein solcher Mann den muslimischen Horden anschließen? Er soll lange genug gezögert haben, aber schließlich war ihm, als Verwandtem des Propheten, keine Wahl geblieben. Seither erzählte man sich die erstaunlichsten Dinge von ihm. Es hieß, er besitze nur zwei Gewänder (Sophronios besaß zwölf), eins für den Sommer, eins für den Winter; eine Palmenmatte sei sein Bett, als Nahrung genügten ihm Dattelfrüchte und Gerstenbrot, und in den Krieg ziehe er wie jeder seiner Soldaten: mit Brotbeutel und Wasserschlauch. Aus solchem Holz sind die Sieger geschnitzt, dachte sich Sophronios, nicht wie unsere kaiserlichen Generäle mit ihrem goldverzierten Harnisch! Omar bestrafte jeden, der in seidenen Gewändern daherstolzierte und seinen Dolch mit Edelsteinen schmückte; sogar seinem eigenen Sohn verpaßte er deshalb zwanzig Streiche auf die Fußsohlen. Bei Gott, ein erstaunlicher Mann! Kein Wunder, daß Sophronios der Begegnung mit ihm entgegengefiebert, aber auch entgegengezittert hatte.

Vor seinem geistigen Auge ließ er die Geschehnisse des Tages noch einmal abrollen. Zunächst plagte ihn die Frage: Wie tritt ein besiegter Christ einem siegreichen Moslem entgegen? In einem Bußgewand? Ein solches, sagte er zu Platon, müsse in der alten Truhe noch zu finden sein. Platon lehnte ab. Bußgewand? Man müsse diesem Kameltreiber mit Würde entgegentreten, und das bedeute: mit jenem kostbaren Ornat, den seinerzeit Kaiserin Theodora dem Patriarchen von Jerusalem geschenkt hatte. Sophronios, wir wissen es bereits, beugte sich dem Ratschlag seines Experten, bereute es aber sofort, als er am Fuße des Moriaberges wie vereinbart dem Kalifen gegenübertrat. Omar unterschied sich in der Kleidung nicht von seinen Leibwächtern, alle trugen sie die verschlissenen Beduinenmäntel, nur sein Reittier verriet, wer der Kalif war. Während die Leibwächter auf arabischen Hengsten saßen, thronte Omar auf einem

weißen Kamel. Der feierliche Aufzug des Patriarchen und der ihn begleitenden Priesterschaft entlockte ihm ein kurzes spöttisches Lächeln. Zur Begrüßung verharrte der Kalif im Sattel seines Kamels, verneigte sich aber höflich und sagte einige Worte auf Griechisch. Sophronios brauchte zur Erwiderung dreimal so lange. Er liebte weitschweifige Phrasen; die Zuhörer seiner Predigten litten seit Jahren darunter.
Omar hatte vor dem Zusammentreffen mit dem Patriarchen an der Stelle, wo Mohammed in den Himmel geritten war, ein langes Gebet verrichtet, bei dem er keinen Christen in der Nähe haben wollte; jetzt wünschte er das Grab Jesu zu sehen. Sophronios konnte sein Erschrecken kaum verbergen. Wollte Omar es seinem Vorgänger Abu Bekr gleichtun, der christliche Kirchen nur betrat, um den Befehl zur Zerstörung zu geben? Omar bemerkte des Patriarchen Angst und beruhigte ihn. »Seid unbesorgt! Um euer Gotteshaus braucht Ihr nicht zu zittern. Ihr wißt doch, daß wir Muslime euren Jesus als den größten Propheten vor Mohammed verehren und seine jungfräuliche Mutter in unserem Koran respektvoller behandeln als Ihr in eurer Bibel!« Sophronios biß sich auf die Lippen.
Der Weg zur Grabeskirche führte durch die Via Dolorosa an der Kirche der Heiligen Kosmas und Damian vorbei. Außer ein paar Bettlern, denen Omars Leibwächter Münzen zuwarfen, zeigte sich niemand auf der Straße; alle Türen und Fenster waren geschlossen, nur durch die Ritzen spähten neugierige und angstvolle Augen.
Auch die Kirche des Heiligen Grabes war wie ausgestorben. Sophronios führte den Kalifen allein durch das ehrwürdigste Gotteshaus der ganzen Christenheit, zuerst zum Heiligen Grab, wo Omar schweigend verharrte, dann zur Golgothakapelle, der Stätte der Kreuzigung Jesu. Sophronios kniete nieder und betete, auch der Kalif verneigte sich tief vor Ehrfurcht – da läutete die Glocke zum Mittagsgebet. Sophronios durchzuckte ein neuer großer Schrecken. Er wußte aus den Berichten jener Städte, die von den Muslimen erobert wurden: Jede Kir-

che, in der ein Anhänger des Propheten eines der fünf verpflichtenden Gebete sprach, wurde in eine Moschee umgewandelt. Und das Mittagsgebet war verpflichtend. Sophronios wagte gar nicht umzublicken, ob Omar den kleinen Gebetsteppich, den er immer bei sich trug, ausbreitete. Erst als er keine Worte hinter sich hörte, wandte er sich um. Omar war verschwunden; er hatte sich taktvoll vor das Portal der Kirche begeben und dort, zusammen mit seinen Leibwächtern, das Mittagsgebet verrichtet. Anscheinend wollte er allen Ernstes den Christen Jerusalems auch unter seiner Herrschaft ihr Kostbarstes lassen, die Kirche des Heiligen Grabes.
Als Omar die Stadt verließ, begleitete ihn der Patriarch bis zum Damaskustor; dort übergab ihm Sophronios die Schlüssel, noch einmal wechselten sie höfliche Worte auf Griechisch, dann ritt der Kalif zum Tor hinaus und schloß es von außen zu.
Als Sophronios vom Damaskustor zum Palast zurückkehrte, waren die Gassen überfüllt von Menschen, die ihn bedrängten und mit Fragen überschütteten. »Was wird aus uns werden? Was hat er angedroht? Was hat er versprochen?«
»Er versprach: Die Stadt wird nicht geplündert, das Leben der Einwohner wird geschont, die Kirchen werden nicht geschlossen und in Moscheen verwandelt. Nur den Moria beansprucht er für die muslimische Gemeinde.«
»Das stört höchstens die Juden!« rief jemand dazwischen und lachte hämisch. Den meisten war nach Lachen nicht zumute. Das klang zwar alles recht tröstlich, was Sophronios sagte, aber ob sich Omar an seine Versprechen halten würde? Sophronios versicherte, Omar mache den Eindruck eines redlichen Mannes; er sei auch kein Fanatiker; man dürfe seinen Worten voll vertrauen.
Da widersprach ihm jemand. »Warum sollte er Jerusalem besser behandeln als Damaskus und die anderen christlichen Städte? Dort dürfen die Christen keine

Waffen mehr tragen und nicht mehr auf Pferden reiten. Und eine Kopfbinde müssen sie tragen, damit sie als Christen kenntlich sind.«

»Ich weiß, ich weiß«, suchte der Patriarch ihn zu beruhigen. »Solche Maßnahmen sind unangenehm, doch sie lassen sich verschmerzen.«

»Das mag ja sein. Aber sie werden uns auch verbieten, neue Kirche zu bauen und Glocken zu läuten oder Kreuze aufzustellen! Und wenn jemand versucht, einen Moslem zu Christus zu bekehren, werden beide mit dem Tode bestraft, der Bekehrer und der Bekehrte!«

»So schlimm wird's hoffentlich nicht werden! Hauptsache, wir bleiben am Leben!«

»Wir vielleicht. Aber auch unsere Kirche?«

Bei dieser Frage verstummten die Leute. Alle blickten auf Sophronios. Der wußte auch nur eine Antwort: »Legen wir's in Gottes Hand! Doch jetzt rate ich euch: Geht auf den Markt! Während ich dem Kalifen die Grabeskirche zeigte, sollen drei Karawanen mit Lebensmitteln in die Stadt gekommen sein!« Das genügte, um die Angst der Leute vor der Zukunft in kurze Freude zu verwandeln. Alle stürmten sie los.

Solange die Menschen ihn umdrängt hatten, hatte sich der Patriarch zusammengerissen und den Optimisten gemimt. Kaum waren die schweren Tore des Palastes hinter ihm geschlossen, war es mit seiner Beherrschung vorbei. Er hätte heulen mögen. Platon bemerkte es, wollte ihn aufmuntern und sagte genau das Falsche: »Na, Euer Seligkeit, war doch alles halb so schlimm!« Da packte den Patriarchen jener Wutanfall, mit dem dieses Kapitel begann.

Inzwischen war eine halbe Stunde verstrichen. Zweimal hatte Platon ihn aus dem Sinnieren aufgescheucht, jetzt erschreckte ihn wilder Lärm, der von der Straße durchs Fenster zu ihm drang. Führten die Anhänger des Propheten vor dem Palast schon ihre wilden Freudentänze auf? Bisher mußten sie vor der christlichen Obrigkeit kuschen, jetzt triumphierten sie wohl schon. »Platon«, rief er, »was ist da los? Sag dem Türhüter, daß er das Tor verrammelt!«

»Das sind die Fremden, von denen ich sprach. Ach Herr, warum habt ihr sie nicht vorgelassen? Sie haben den Auflauf erregt. Mich wundert das gar nicht. Ihr müßtet sie mal sehen! Als wären sie dem Urwald entlaufen! Wir in Jerusalem sind ja die seltsamsten Besucher gewöhnt. Doch solche wie die zwei sind noch nie durch unsere Gassen gelaufen. Darum strömen die Leute zusammen, um die beiden anzugaffen und anzufassen. Und auszulachen – doch das ärgert sie nicht, sie lachen zurück. Und reden lateinisch!«

»Lateinisch?« Endlich war die Neugier des Patriarchen geweckt. »Sind es Pilger aus dem Westen?«

»Aus Hibernia. Weiß der Kuckuck, wo das liegt.«

Das wußte Sophronios auch nicht. »Dann laß sie in Gottes Namen herein!«

»Sie werden uns aufheitern, Euer Seligkeit!« Er eilte zum Tor und kehrte wenig später mit den beiden Fremden zurück.

Als der erste eintrat, erschien dem Patriarchen das Zimmer plötzlich zu niedrig. Der baumlange Kerl stieß mit dem Kopf an die Decke an. Beim zweiten erschien ihm die Tür zu schmal, so wohlbeleibt war er, fast ein Kugelmensch, denn er reichte seinem Kumpan höchstens bis an die Brust. Ein Komikerpaar, wie aus dem Zirkus! Ihr Gewand, einer Mönchskutte ähnlich, bestand aus rauhem Tuch von undefinierbarer Farbe, darüber trugen sie einen froschgrünen Umhang mit Kapuze. Jetzt schlugen sie die Kapuzen zurück und präsentierten zwei Köpfe, bei deren Anblick sogar dem traurigen Patriarchen unwillkürlich ein Lachen entwischte. Das Haupthaar war durch eine glattrasierte Schneise – im Lateinischen nennt man das Tonsura – von Ohr zu Ohr in zwei ungleiche Hälften geteilt: über der Stirn ein Büschel struppiger Haare, grün gefärbt, hinter der Tonsur lange rostrote Zotteln bis über den Nacken hinunter. Erst knieten sie sich vor dem Patriarchen nieder, bis er ein

Segenskreuz über sie zeichnete, dann standen sie auf und reichten ihm die Hand, der Hagere seine knochige Rechte, der Dicke seine linken Würstelfinger.
Sophronios redete sie auf lateinisch an. »Ihr kommt aus dem Land Hibernia, höre ich? Wo ist dieses Land?«
Der Lange ergriff das Wort: »Es ist eine Insel im Ozean. Nicht weit weg von Britannien. Das kennt ihr vielleicht aus dem Geschichtsunterricht. Die Römer hatten es einmal erobert und besetzt wie alle Länder Europas. Nur unsere Insel nicht!«
»Überflüssige Bemerkung«, ließ sich der Dicke vernehmen. »Uns hat noch nie jemand erobert.«
»Euch Hibernier.«
»Wir nennen uns Iren und unsere Heimat Irland.«
»Und seid getaufte Christen?«
Der Dicke lachte. »Würden wir sonst Patrick heißen?«
»Entschuldigt bitte«, sagte der Patriarch. »Ihr hattet euch bisher noch nicht vorgestellt.«
»Pardon. Jetzt wißt ihr es. Wir heißen beide Patrick, wie jeder erstgeborene Knabe in Irland, seit der heilige Patrick das Christentum auf unsere Insel brachte. Damit man uns nicht verwechselt, heißt mein langer Freund Pat I und ich Pat II. Okay?«
»Okay, was bedeutet das?« mischte sich Platon ins Gespräch. »So etwas wie Amen?«
Der Dicke nickte. »So etwas wie Amen.«
Sophronios wollte wissen, ob sie schon lange unterwegs seien.
»Für irische Begriffe nicht besonders lange«, antwortete Pat I. »Zuerst zu Schiff nach Gallien, dann zu Fuß über die Alpen nach Rom und bis Syrakus. Dort fanden wir ein Schiff, das uns nach Joppe mitnahm – unter der Bedingung, daß wir die Passagiere und Matrosen unterhielten. Die glaubten, wir seien Zauberer. Gott sei Dank kennen wir wirklich ein paar lustige Tricks, nicht wahr, Pat?«
»Überflüssige Bemerkung«, sagte der Dicke und grinste.
»Vor drei Wochen gingen wir in Joppe an Land. Doch

dann wurde es schwierig. Wir wußten ja vorher nicht, daß Jerusalem belagert wird. Die Muselmänner krümmten uns zwar kein Haar ...«
»Sie hatten sogar Respekt vor uns!« unterbrach ihn der Dicke.
»Aber in die Stadt ließen sie uns auch nicht. Nur wenn wir zum Propheten überlaufen würden.« Er kicherte. »Wir mögen ja ein bißchen bescheuert sein, aber so verrückt sind wir doch nicht. Also warteten wir, bis sich heute plötzlich für kurze Zeit die Tore öffneten.«
»Das habt ihr dem Kalifen Omar zu verdanken.«
»Das war Omar, der Kerl auf dem weißen Kamel? Mann Gottes, der gab vielleicht seinem Kamel die Sporen, als er uns sah, und sein zerlumpter Haufen mit ihm.« Pat I und Pat II lachten so ansteckend herzlich, daß alle mitlachten, sogar der Patriarch.
Dann fragte er sie, ob die sonderbare Tracht und die aufregende Frisur zu ihrer Pilgertracht gehörten.
»Nein, nein, so laufen alle Mönche in Irland herum«, antwortete Pat II.
»Stimmt nicht«, korrigierte ihn Pat I. »Es gibt auch welche, in unserem Nachbarkloster, die färben sich die Haare vorne rot und hinten grün – falls sie überhaupt noch welche haben.«
»Aha, ihr seid Mönche?«
»Was sonst? Habt ihr uns für normale Iren gehalten?«
»Verzeiht, ich wußte gar nicht, daß es in eurem Irland Mönche gibt.«
»Hunderttausend vielleicht.«
Sophronios warf den beiden einen skeptischen Blick zu. Da übertrieben sie wohl. »Ihr müßt mir gleich mehr davon erzählen.«
»Okay. Aber vorher wird gegessen!« bemerkte der Dicke.
Sophronios entschuldigte sich, daß er ihnen noch nichts angeboten habe; aber in den letzten Monaten

hätten sie keine Gäste gehabt, Gott sei Dank, wie hätte man sie bewirten sollen? Heute gebe es endlich auf dem Markt wieder etwas zu kaufen.
»Platon, sag in der Küche Bescheid!«
Die Iren lachten bei dem Namen. »Platon. Und wo steckt Aristoteles?«
Sophronios stutzte: »Den kennt ihr auch?«
»Ich merke schon«, sagte Pat I. »Ihr haltet uns für Barbaren. Wir werden euch eines Besseren belehren. Nach dem Essen, nicht wahr, Pat?«
»Überflüssige Bemerkung«, raunzte der Dicke.
Eine Magd brachte drei Gedecke, der Patriarch sagte, zwei genügten.
»Ihr eßt nichts?« fragte Pat II.
»Ich bringe heute keinen Bissen herunter«, sagte Sophronios, »ich müßte mich womöglich übergeben.«
»Und das wollt Ihr nicht, kann ich verstehen«, sagte Pat. »Wo Ihr doch heute schon Jerusalem übergeben habt. Haha!« Bei so viel irischem Humor verzog der Patriarch sauersüß sein Gesicht und meinte: »So lustig finde ich es nicht, wenn die letzte christliche Bastion im Orient an die Moslems verlorengeht.«
»O verzeiht, Euer Seligkeit! Wir finden das auch nicht lustig. Wie konnte das nur so weit kommen? Ein paar tausend arabische Reiter überrennen ganze christliche Provinzen! Das ist doch eine Schande!«
»Wie es dazu kommen konnte? Weil sie massenhaft Unterstützung fanden! Was glaubt ihr, wer hier alles auf die Befreiung vom Joch des orthodoxen Kaisers und seiner Steuereintreiber gewartet und den Wüstensöhnen zugejubelt hat? Die verdammten Monophysiten!«
»Von wem verdammt?«
»Unter anderem auch von mir!« stieß Sophronios wütend hervor.
»Geholfen hat's nichts. Alle meine Schriften waren umsonst.«
»Verdammen hilft selten.« Das war vorerst des Dicken letzter Beitrag zum Gespräch, denn jetzt brachte die

Magd die Suppe. Dreimal bekreuzigte er sich, dann machte er sich daran, sie auszulöffeln, wobei er nach jedem zweiten Löffel Laute des Entzückens von sich gab – auf irisch, nicht auf lateinisch. Pat I bemühte sich, neben der Nahrungsmittelzufuhr auch das Gespräch in Gang zu halten.
»Warum war denn bei euch die Christenheit so entsetzlich zerstritten? Und das seit mehreren Jahrhunderten! Hat nicht einer eurer Kirchenväter geschrieben: Bittet man einen Menschen um Kleingeld, hält er einen Vortrag über den Gezeugten und Ungezeugten; fragt man nach dem Preis des Brotes, erhält man zur Antwort, der Vater sei größer als der Sohn; fragt man, ob das Bad angerichtet sei, lautet die Antwort: Der Sohn sei aus dem Nichts erschaffen.«
Nun war es wieder an Sophronios, überrascht zu sein: »Das stammt von Gregor von Nyssa. Ich hätte das nicht so wörtlich zitieren können.«
»Kein Wunder«, bemerkte Pat höflich, »Ihr habt ja auch viel mehr Sorgen als wir. Zum Beispiel das Problem mit dem Jota! Wegen dieses Jota, hörten wir, schlägt man sich hierzulande die Köpfe ein! Wegen eines Jota!«
»Was heißt hier: wegen eines Jota?« mischte sich Platon ein, um seinem Herrn zu Hilfe zu kommen. »Das ist nur zufällig ein Jota: homousios oder homoiusios! Wesensähnlich oder wesensgleich! Das ist ein riesiger Unterschied! Davon hängt der richtige Glaube ab!«
»Bei uns nicht.«
»Auf eurer grünen Insel.« Platon zog die Nase hoch.
»Jawohl, auf unsrer grünen Insel. Bei uns streiten keine Monophysiten und Monotheleten darüber, ob der Erlöser eine doppelte Energie und einen doppelten Willen oder nur eine Energie und einen Willen hat. Da haben wir Besseres zu tun.«
Das ließ Sophronios nicht gelten: »Aber die Sache muß doch entschieden werden, wenn wir an zwei selbständige Naturen, die göttliche und die menschliche, in Christus glauben! Man kann doch nicht dulden, daß die eine

Hälfte der Christen so und die andere anders denkt. Es war ja auch längst entschieden, durch die Konzilien. Nur wollte mein verehrter Patriarchenkollege in Konstantinopel den gemäßigten Monophysiten entgegenkommen und dachte sich eine neue Häresie aus, den Monotheletismus, die Lehre von einem Willen in Christus, und gewann sogar den Kaiser dafür. Aus politischen Gründen. Der Kaiser mußte die Theodosianer für sich gewinnen ...«

»Wen? Theodosianer? Was sind denn das für schräge Brüder?«

»Sie nannten sich auch Severianer und verbündeten sich mit den Jakobiten, die wiederum ein Ableger der Nestorianer sind.«

Pat I hielt sich die Ohren zu: »Hört auf, Euer Seligkeit, hört auf! Sonst vergeht auch mir der Appetit. Wenn ihr hier im Morgenland solche Streithähne seid und euch pausenlos bekriegt und verteufelt, wundert es mich nicht, daß viele das Kreuz mit dem Halbmond tauschen. Hoffentlich bleibt wenigstens, wie im alten Israel, noch ein ›heiliger Rest‹ übrig, ein abgehauener Stamm, aus dem wieder ein frisches Reis sprossen kann.«

»Hoffentlich«, seufzte Sophronios, »leicht wird es nicht werden; nicht jeder Stamm grünt wieder, wenn er abgehauen ist.«

»Bei uns in Irland schon. Aber es mag an der Seeluft liegen. Doch auch bei euch besteht eine Chance. Wir hörten unterwegs mehr als einmal, daß der Kalif niemand zwinge, zum Islam überzutreten.«

»Es gibt zweierlei Zwang, mein Sohn«, belehrte ihn der Patriarch, »den harten und den sanften. Den harten verschmäht der Kalif, er würde nur Märtyrer schaffen. Er bevorzugt die sanfte Tour. Er wartet ein paar Jahre ab und spielt den toleranten Herrscher. Dann zieht er langsam die Daumenschrauben an, stellt die Christen vor die Wahl: als Christ eine hohe Kopfsteuer zu zahlen oder als Moslem von der Steuer befreit zu sein. Was wird der Durchschnittsbürger tun? Wird er sich nicht sagen: Wir glauben doch alle an denselben Gott, ganz gleich, unter welchem Namen wir ihn anrufen. Lohnt es sich, sein Geschäft zu ruinieren um kirchlicher Lehrsätze wegen, über die nicht einmal unter den Patriarchen Einigkeit herrscht?«

»Das kommt davon, wenn man zu viele Schädel deswegen eingeschlagen hat, Euer Seligkeit.«

»Und er denkt sich weiter: Ob Jesus Gottes Sohn ist oder nur der größte Prophet vor Mohammed – ändert das etwas an meinem Leben?«

»Wenn er so denkt, ändert das natürlich nichts«, sagte Pat I.

»Also tritt man zum Islam über, zahlt keine Steuern mehr und kann sich, falls man Lust und Geld hat, vier Ehefrauen leisten. Und so wird uns einer nach dem anderen verlassen«, resümierte der Patriarch und zog alle Kummerfalten zusammen, die sich im Laufe seines langen Priesterlebens gebildet hatten. »Einer nach dem andern«, wiederholte er noch einmal.

»Außer denen, die lieber auf vier Frauen als auf den Wein verzichten«, warf Pat ein, »und das sind möglicherweise mehr, als Ihr glaubt.«

Da heiterte sich sogar die düstere Miene des Patriarchen etwas auf. »Ein heiliger Rest von Zechbrüdern und Zechschwestern in Christo! Ob das Zukunft hat? Du bist ein blühender Optimist. Man merkt es immer wieder: du kommst von einer grünen Insel. Wir wohnen hier am Rand einer trostlosen Wüste, mein Lieber.« Er war schon wieder todernst. »Ich fürchte, ich fürchte: im Morgenland geht unser Glaube unter, so wahr ich Patriarch von Jerusalem bin.«

»Und im Abendland steigt er empor, so wahr ich ein Mönch aus Irland bin!«

Und dann erzählte der hagere Pat dem Patriarchen und seinem Platon von dem Glaubenswunder im Atlantik, daß den beiden der Mund offen blieb. Er erzählte vom Knaben Patrick, den irische Seeräuber entführt und als Sklaven verkauft hatten. Als er sich später taufen ließ, dachte er an seine einstigen Quälgeister zurück, wollte sie für Christus gewinnen und segelte nach Irland. In unglaublich kurzer Zeit gelang ihm die Bekehrung der einzelnen Stämme. Das ganze Land wurde mit einem dichten Netz von Kapellen, Kirchen, Heiligtümern und Klöstern überzogen. Tausende, bald Zehntausende junger Iren sagten ihren Eltern Lebewohl und führten in den felsigsten Küsten, den sumpfigsten Einöden und auf den verlassensten Inseln ein hartes Leben der Buße und Entsagung.

»Ähnlich wie unsere jugendlichen Idealisten vor dreihundert Jahren aus den Weltstädten in die Bergwüsten Syriens, Palästinas und Ägyptens zogen«, bemerkte der geschichtskundige Platon.

»Ganz recht«, stimmte ihm Pat I bei, »doch gab es einen gewaltigen Unterschied: Eure Mönche blieben in der Wüste; die Gläubigen suchten sie auf, wenn sie Rat und Trost suchten. Unsere Mönche, so sehr sie ihre Heimat liebten, verließen sie sehr bald, weniger aus Platzmangel, auch nicht nur aus angeborener Wanderlust, sondern vor allem aus religiöser Begeisterung: sie wollten heimatlos sein, wie es Jesus war, der nicht wußte, wohin er sein Haupt betten sollte. Wandern aus Liebe zu Gott – das wurde zur zündenden Parole. Und wohin zogen sie? Übers Meer nach Schottland, nach Britannien, nach Gallien, nach Germanien, nach Italien, bis zu den Völkern, die wir Slawen nennen. Und weil die Menschen dort überall noch Heiden waren, predigten sie ihnen das Evangelium.« Dann zählte er alle Stämme auf, wo seine Landsleute wirkten: die Franken und die Thüringer, die Sachsen und die Bayern, die Burgunder und die Langobarden, und als er dann noch die Namen der größten irischen Heiligen nannte: Brendan, Kieran, Aidan, Comgall, Kilian, Columban, Koloman, rief Sophronios: »Laß es gut sein! Ich glaub's dir ja, wenn auch alles so unwahrscheinlich klingt. Warum hat uns niemand davon berichtest?«

»Ganz einfach: Für euch liegen wir am – Gesäß der

Welt.« Er wollte erst ein deftigeres Wort sagen, das schickte sich aber in der Gegenwart des Patriarchen nicht.
Sophronios äußerte seinen Unmut und sagte, Rom hätte ihm doch darüber etwas mitteilen können. Jedes Jahr schickte es Legaten nach Jerusalem, doch die überprüften nur des Patriarchen Rechtgläubigkeit. »Warum meldet Rom uns so etwas nicht?«
»Vielleicht weil Rom auf uns nicht gut zu sprechen ist. Rom erwartet immer alles Heil von einer perfekten Organisation mit Erzbischöfen und Bischöfen an der Spitze. Bei uns in Irland gibt es kaum Bischöfe, bei uns regieren die Äbte der großen Klöster. Nein, Euer Seligkeit, wir lassen uns von Rom nicht viel dreinreden. Dort ist man im Verbieten zu erfinderisch. Als wir aufs Festland zogen, fragten wir auch nicht lange um Erlaubnis, ob wir Kloster gründen und das Evangelium verkünden dürften. Wir gründeten und verkündeten, wo es uns paßte. Nie etwas von Luxeuil oder Bobbio gehört? Das sind unsere Hochburgen auf dem Festland!«
»Tut mir leid, habe die Namen nie gehört. Ihr wißt tatsächlich von uns hundertmal mehr als wir von euch.«
»Wozu lernen wir Lateinisch und sogar Griechisch? Nicht nur des Neuen Testaments wegen. Bei uns führt jedes Kloster eine große Schule. Dort unterrichten wir die Landeskinder in allem, was sie brauchen: Rechnen, Schreiben, Himmels- und Kräuterkunde, im Fiedeln und Singen, in Fischerei, Ackerbau und Seefahrt, und in den klassischen Sprachen!«
»Phantastisch!«
»Phantastisch?« Pat II hob den Kopf aus den Schüsseln, die er mit schweigendem Behagen geleert hatte. »Nichts ist daran phantastisch; alles realistisch. So realistisch wie diese leckere Süßspeise hier: Joghurt mit Honig, die phantastisch schmeckt. Hätte nie gedacht, daß es so etwas im Fernen Osten gibt – Ferner Osten,

von Irland aus betrachtet. Auch uns ist bekannt, daß es noch fernere Länder im Osten gibt wie China und Indien.«

Sophronios lächelte: »Laß es dir nur schmecken, Mann aus dem fernsten Westen!«

Pat I meldete sich wieder zu Wort. »Täuscht euch nicht, Euer Seligkeit! Es gibt noch westlicher gelegene Länder als Irland. Ein Landsmann von uns, Brendan, Mönch und Abt von Clonfert, reiste auf dem Ozean der Sonne nach, immer nach Westen, auf einem kleinen Boot nur, aber seetüchtig war's.«

»Überflüssige Bemerkung«, fiel ihm Pat II ins Wort. »Wir bauen keine anderen.«

»Aufs Segel hatte er ein riesiges Kreuz gemalt, damit der liebe Gott ihn jederzeit auf dem Ozean entdecken konnte. Zuerst gelangte er zu vielen kleinen Inseln. Die Menschen, die er dort antraf, erzählten ihm, noch weiter im Westen gebe es ein riesiges reiches und fruchtbares Land, wo die Menschen Federkleider trügen, sich mit Blumenkränzen schmücken und gewikkelte Blätter eines geheimnisvollen Krautes rauchen würden, um sich wie im Himmel zu fühlen. Also taufte Brendan die Leute auf den Inseln und segelte schleunigst weiter nach Westen. Tatsächlich tauchte nach vielen Tagen eine Küste auf. Menschen winkten ihm vom Strand aus zu, mit Federkleidern und Blumenkränzen geschmückt. Brendan sprang ans Land, steckte ein Holzkreuz in den Boden und erzählte ihnen unermüdlich von Gott Vater, von Jesus seinem Sohn, von der Jungfrau Maria und natürlich auch vom heiligen Patrick. Doch bald packte ihn unstillbares Heimweh, er hielt es in der Ferne nicht mehr aus, er wollte wieder nach Hause.«

»Wahrscheinlich traf ihn dasselbe harte Los wie uns: Sein Vorrat an Whiskey ging zur Neige«, sagte Pat II, und es klang nicht sehr ehrerbietig.

»Hören Sie nicht auf ihn, Euer Seligkeit. Er hält Brendan für einen Aufschneider, weil er einem anderen

Clan angehört. Brendan war aber doch ein Heiliger. Ganz Irland schwört darauf!«
»Das eine schließt das andere nicht aus«, geruhte der Patriarch zu bemerken. »Aber was ist Whiskey?«
»Ein recht belebendes Getränk. Angeblich eine Erfindung des heiligen Patrick.«
Jetzt begehrte der Dicke auf: »Angeblich? Was heißt hier angeblich! Das ist historisch erwiesen, Euer Seligkeit! Was man von der Reise des heiligen Brendan nicht behaupten kann.« Pat I wollte einen Einwand erheben, da schnitt ihm Pat II das Wort ab: »Du hast lange genug geredet, jetzt rede ich! Es war in der Fastenzeit, die bei uns sehr streng gehalten wird, man nährt sich von gekochter Gerste oder einem Hirsebrei und Wasser. Sankt Patrick war in seiner Zelle in mystisches Gebet versunken, aber nicht so tief, daß er nicht gemerkt hätte, wie die gekochte Gerste zu gären begann, das ausgegorene Wasser als Dampf zur Decke der Zelle aufstieg und, wegen der kühlen Luft, tropfenweise wiederkehrte – in Patricks Fastenbecher. Enthaltsam, wie er war, verwendete er es nur, um seinem kranken Maultier wunde Stellen einzureiben. Erst später entdeckten weniger enthaltsame Mönche, daß man es im Notfall, mit Sodawasser vermischt, auch trinken kann. Und seither ...«
»Tritt der Notfall immer häufiger ein!« Alle lachten, als Platon das sagte.
Pat II fuhr fort: »Und darum bleiben wir gesund bis ins höchste Alter. Wir nennen das Wasser Whiskey, und das bedeutet Lebenswasser.«
»Das klingt beinahe biblisch«, bemerkte Sophronios. »Ist es wirklich so gesund, dieses Lebenswasser?«
»Nur wenn man es mit Maßen trinkt. Es ist ähnlich wie bei der Theologie, Euer Seligkeit«, sagte Pat. »In kleinen Schlucken sehr bekömmlich, literweise verwirrt es den Kopf.« Dann wandte er sich an seinen Mitbruder und fragte ihn etwas auf irisch; der antwortete nach leichtem Zögern, nickte mit dem Kopf, schnürte seinen Reisesack aus grobem Seemannstuch auf und holte eine Flasche

hervor. »Unsere eiserne Ration! Wollen die Herren probieren? Aber nur einen kleinwinzigen Schluck!«
Die ›Herren‹ wollten und sahen gespannt zu, wie Pat II das goldbraune Lebenswasser in die Gläser füllte. Die Iren schenkten sich keines ein, schwenkten nur die Flasche und riefen: »Prosit!« Der Patriarch erlitt nach dem ersten Schluck einen Hustenanfall, Zeremoniar Platon schlürfte den Whiskey mit verklärter Miene.
»Euer Seligkeit«, sagte er nach einer Pause voll Ergriffenheit, »wäre es nicht das Gescheiteste, wir brechen unsere Zelte im Osten ab und nach dem Westen auf?«
»Doch nicht um dieses ... Zeugs willen?«
»Nein, nein, noch weiter als ins Land des Lebenswassers, über den Ozean, wie der heilige Brendan, zu den Völkern, die auf die Botschaft Christi warten. Hier legen die Leute sowieso nicht mehr viel Wert darauf. Von mir aus können sie allesamt nach Mekka pilgern und in der Hölle landen! Was juckt mich das?« Die beiden Patricks wechselten bei den Worten des Zeremoniars überraschte Blicke. Verwirrte der Alkohol so schnell orientalische Gehirne?
»Mich juckt das durchaus noch, Platon«, erwiderte Sophronios. »Warte mit deiner Seefahrt, bis ich im Sterben liege. Vorher kann ich dich nicht entbehren. Sonst drückt mir womöglich ein Mullah oder Muezzin die Augen zu.« Dabei zwinkerte er mit dem linken den beiden Iren zu, mit dem rechten dem Zeremoniar.
Nie hätte der Patriarch gedacht, daß dieser traurige Tag doch noch so heiter enden würde. Die beiden Iren erzählten die halbe Nacht von ihren Erlebnissen auf der Pilgerfahrt, Schönes und Schauriges, Berauschendes und Ernüchterndes, Erbauliches und Unverdauliches – aber nie ohne einen Schuß Humor. Dabei tranken sie nur Wasser.
Am nächsten Morgen führte sie Platon von Heiligtum zu Heiligtum; dann zogen sie weiter nach Betlehem und Hebron, um anschließend Galiläa aufzusuchen: Kapharnaum, Kana und Nazareth. Sie fürchteten sich vor

nichts. Ihre sonderbare Mönchstracht machte sie zur Zielscheibe des Witzes und des Spottes, aber niemals grausamer Späße. »Gottesnarren!« rief man dem grotesken Pärchen nach – doch nicht einmal der böseste Mensch krümmte einem Gottesnarren ein Haar. Damals.

Des Patriarchen düstere Prophezeiungen erfüllten sich bald. Die ›sanfte Tour‹ des Kalifen zeitigte von Jahr zu Jahr mehr Erfolge. Die Kirchen leerten sich, die Moscheen füllten sich. Sein Herzenswunsch, dieses Elend nicht mehr erleben zu müssen, fand kein Gehör bei Gott. Sechs Jahre noch mußte er sein dahinsiechendes Patriarchat leiten. Niemand drängte sich nach diesem einstmals so geehrten und begehrten Amt. Es sollte auch nach seinem Tod lange Zeit unbesetzt bleiben.

644 rief Gott seinen erschöpften Diener zu sich, im selben Jahr wie den Kalifen Omar. Dieser starb im besten Mannesalter durch den Dolch eines gekränkten Sklaven, jener friedlich in seinem Bett.

In seiner Sterbestunde mußte er an die letzte glückliche Stunde seines Lebens denken: an den Besuch der irischen Pilger. Bevor er seine Augen für immer schloß, rief er den Zeremoniar herbei: »Platon, fern von Jerusalem lassen sich die Gläubigen mit den Füßen nach Jerusalem begraben. Was soll jemand tun, der in Jerusalem stirbt? Setze es durch, daß ich mit den Füßen nach Westen begraben werde. Ich möchte auf der grünen Insel zum ewigen Leben auferstehen.«

Finis

Der schwarze Peter mußte lächeln, als er die letzten Sätze las. Sieh mal an, dachte er, wie rasch ein Wissenschaftler vom Tugendpfad der Objektivität abweicht und sich in die Büsche persönlicher Sympathien schlägt, wenn er für sich selber schreibt. Grad daß er beim Whiskey nicht seine Lieblingsmarke nennt!

Welche Vorliebe wird er wohl in der nächsten Geschichte verraten? Sie trug den geheimnisvollen Titel »Ein Lob für die Vandalen« und spielte in Massilia, wie das heutige Marseille im Altertum hieß. Peter erinnerte sich an eine patristische Vorlesung, in der er gehört hatte, daß da irgendwann am Ende der Antike ein wortgewaltiger Prediger und Schriftsteller namens Salvian gelebt hatte, vom Professor als der ›christliche Jeremias‹ bezeichnet. Mehr wußte Peter aber nicht mehr. Darum machte er sich, als er auf der ersten Seite des neuen Heftes den Namen Salvian las, in einem Lexikon kundig. Angeblich in Trier aufgewachsen, erlebte dieser in seiner Jugend drei Einfälle germanischer Stämme, verlor dabei alles Hab und Gut, wanderte über die Mosel nach Gallien aus, nahm dort ein Weib und zeugte Kinder, trennte sich aber später von der Familie – aus asketischen Gründen. Das heißt: er probierte, wie es damals Mode war, das Klosterleben aus. Folglich mußte seine Frau dasselbe tun, jeder auf einer anderen Insel vor Marseille. Wahrscheinlich schrieb er dort sein Hauptwerk über die Weltregierung Gottes – De gubernatione mundi –, das ein spätantiker Bestseller wurde. Schließlich erhielt er eine Stelle als Priester und Prediger an der Bischofskirche von Massilia. Unter seinen Schülern finden wir Heilige und Bischöfe; er selbst brachte es – wohl wegen seiner Maßlosigkeit – weder zu dem einen noch zum anderen und starb hochbetagt im Jahre 480. Mehr erfuhr Peter aus dem Lexikon nicht. Vielleicht verriet die Geschichte des Emeritus noch mehr? Peter begann zu lesen.

Ein Lob für die Vandalen

Massilia durfte sich rühmen, die älteste christliche Gemeinde auf französischem Boden zu besitzen. Nach der Legende, an die man zur Zeit des Salvian noch glaubte, hatte der Freund des Herrn, Lazarus von Bethanien, zusammen mit seinen Schwestern und Maria Magdalena, die Frohe Botschaft in der Hafenstadt verkündet und es dort zum ersten Bischof gebracht.
Es war also eine große Auszeichnung, Priester in Massilia zu sein und in der Kathedrale die Kanzel besteigen zu dürfen. Zur Stunde stand dort oben der kleine Priester Salvian und tönte in großen Worten:
»Haben wir, meine Teuren, den Untergang etwa nicht verdient? Müßten wir nicht zehnmal besser sein als die Heiden, die Christus nicht kennen? Und wie ist es tatsächlich? Warum lästern die Heiden den Namen unseres Gottes? Nur unsertwegen. Wir bilden uns ein, Gutes zu tun, und tun doch meistens das Böse. Wir bekennen Gott mit den Lippen und verleugnen ihn durch unser Tun. Wir preisen das Gesetz Gottes und entehren es alle Tage durch Übertretung. Wir verkünden, man dürfe nicht stehlen, und stehlen doch. Wir hören, man dürfe die Ehe nicht brechen, und brechen sie doch. Blickt doch hinein in unsere Gassen, unsere Häuser: Unzucht, Unzucht überall, Unzucht jeder Art bis zur widerlichsten von allen. Wozu sie aufzählen, wozu sie schildern? Ihr kennt sie alle, ihr habt sie alle ausprobiert. Zeigt mir ein Mädchen, daß noch unberührt ist, einen hübschen Knaben, der nicht vom Laster gezeichnet ist, einen Mann, der nicht ein Dutzend Weiber braucht, eine Frau, die nicht ihren Ehemann betrügt? Gibt es hundert, zwanzig, zehn Gerechte in dieser Stadt? Und zur Unzucht gesellt sich die Habsucht. Sie vergiftet alle Beziehungen und euch, die Habsucht derer, die alles haben und nicht genug kriegen können, wie die Gier derer, die nichts haben und

alles haben wollen. Und doch steht ihr alle zusammen am Tag des Herrn im Hause Gottes mit fromm verdrehten Augen und gefalteten Händen und klopft euch heuchlerisch an die Brust, in der schon wieder die wildesten Wünsche wuchern! Und kaum habt ihr den Leib des Herrn genossen, hängt ihr auch schon in den Armen der nächstbesten Dirne. Uns Dienern Gottes werft ihr ein paar lächerliche Münzen ins Körbchen, die schamlosen Weiber stopft ihr mit Goldstücken voll. Wer hat denn den Untergang verdient, wenn nicht ihr?«

So wetterte der kleine Mann auf der Kanzel noch eine halbe Stunde lang, ohne zu merken, daß sich die Kirche längst geleert hatte, daß die Beschimpften längst drauf und dran waren, sich die Beschimpfung zu verdienen. Zurückgeblieben waren nur ein paar Frauen, die zu alt, und ein paar Kinder, die zu jung zum Sündigen waren.

Und ein Fremder, ein junger stattlicher Mann mit blondem Schopf und blauen Augen. Er lehnte an der letzten Säule des Gotteshauses und wartete, bis sich ihm Salvian nach dem Gottesdienst näherte. Den Fremden sehen und seinen Schritt beschleunigen, das war für Salvian eins. Mit ausgebreiteten Armen stürzte er auf ihn zu, als wäre er sein bester Freund. Umarmen konnte er ihn nicht, da hätte sich der blonde Jüngling zu weit nach unten beugen müssen. So drückte ihm Salvian beide Hände mit jener überschwenglichen Herzlichkeit, für die wir Bewohner der Alpennordseite den Ausdruck ›südländisch‹ gebrauchen.

»Laß mich raten! Du bist ein Germane!«

»Jawohl.«

»Wie wunderbar! Und von welchem Stamme, wenn ich fragen darf? Halt, laß mich wieder raten! Du bist ein Vandale, stimmt es?«

»Jawohl. Und woran merkt ihr das, verehrter Priester?«

Salvian breitete begeistert seine Arme aus. »An der Reinheit, die aus deinen Augen strahlt! Komm, wir müssen unbedingt miteinander reden. Hast du etwas Zeit mitgebracht?«

»Jawohl. Ihr seid doch der berühmte Salvian, über dessen Buch ganz Rom und ganz Karthago spricht.«
»Auch ganz Karthago? Das höre ich gern. Karthago ist mir wichtiger als Rom. Und wer bist du?«
»Ich heiße Sigerich.«
»Ein echter Vandalenname«, sagte Salvian, dann hängte er sich am Ellbogen des Fremden ein. Dieser empfand den verschwitzten Ärmel des Priesters auf seiner nackten Haut nicht als sehr angenehm. In diesem Punkt hielt er es wirklich mit der Reinheit, zumindest mit der Reinlichkeit. Er wollte aber nicht unhöflich erscheinen und ließ sich von Salvian aus der Kirche und durch die engen Gassen führen, in denen reges Treiben herrschte.
»Schau dich nicht um, mein Sohn«, warnte ihn Salvian, »Unzucht, nichts als Unzucht! Ober besser: Schau doch hin, nach rechts und links, damit du siehst, daß ich nicht übertrieben habe: Unzucht, nichts als Unzucht!« Sigerich gehorchte dieser Anweisung, erblickte aber nur einige grellgeschmückte Mädchen, die ihm zublinzelten, und einige parfümierte Schnösel, die ihn auslachten. Kein Wunder, ein Pärchen wie Salvian und Sigerich kreuzte selten durch dieses Viertel von Marseille. Endlich erreichten sie Salvians Wohnung. Kaum waren sie eingetreten, verschloß und verriegelte Salvian die Tür. Mutig war er offenbar nur im Reden. Dann trat er zwei Schritte zurück, bewunderte Sigerich vom Scheitel bis zur Sohle, klatschte in die Hände und rief: »Ein Vandale, ein leibhaftiger Vandale in meinem Haus! Wer hätte das gedacht?« Endlich beruhigte er sich und fragte, was er ihm zu trinken anbieten dürfe. Met habe er leider nicht im Haus.
Gott sei Dank, dachte sich Sigerich, dieses Honiggesöff, mit dem sich unsere Ahnen ihre Räusche angetrunken haben – sollen. »Reines Wasser bitte, falls das in Marseille vorhanden ist.«
»Der Zweifel ist berechtigt. Wie wäre es mit Wein? Côte du Rhone?«
»Euch zuliebe, ja.« Während Salvian in einen Neben-

raum eilte, blickte sich Sigerich um: nichts als ein Regal voller Bücher, daneben ein hölzernes Bett mit einer Strohmatte darauf, ein Tisch und zwei Stühle. Eine Mönchszelle könnte nicht ärmlicher aussehen. Salvian kehrte mit einer Flasche Wein zurück, schenkte zwei Gläser ein und prostete dem Gast zu: »Auf die Vandalen!«
»Warum liebt Ihr die Vandalen so sehr?«
»Ich liebe alle Germanen, aber euch Vandalen am meisten. Ich habe euch mehrere Kapitel in meinem Standardwerk gewidmet.«
»Und warum ausgerechnet uns? Haben wir nicht alles kurz und klein geschlagen, angezündet und geplündert?«
»Noch viel zu wenig, sag ich dir, noch viel zu wenig! Teile das bitte deinem König mit, mein lieber Sigerich. Prosit!«
Er leerte das Glas und schenkte sich gleich ein neues ein. Sigerich nippte nur aus Höflichkeit ein wenig von dem seinen. Quellwasser wäre ihm zehnmal lieber gewesen.
»Du willst also wissen, warum ich euch liebe? Hier ist die Antwort: weil Gott euch geschickt hat, damit das verkommene und verluderte Römervolk vielleicht doch noch zur Besinnung kommt. Sie nennen sich Christen. Aber tun nichts anderes, als den Namen Christi schänden.« (Er wiederholte mehrere Passagen seiner Predigt. Der höfliche Sigerich hörte sie sich geduldig ein zweites Mal an, aber wir lassen sie weg.) »Hast du etwa mein Buch gelesen?«
»Leider nein, meine Lateinkenntnisse sind noch recht bescheiden.«
»Vielleicht lohnt es sich gar nicht mehr, die Sprache ganz zu lernen, wenn es bald niemanden gibt, der sie benützt. Ich muß sie natürlich benützen. Eine Übersetzung in die germanischen Sprachen – das wäre mein Herzenswunsch. Dann könnten diese Völker lesen, was ich von ihnen erwarte. In aller Kürze dieses: eure Vorstöße über

den Rhein« – und er begann in aller Umständlichkeit, sämtliche Einfälle germanischer Stämme erst ins nördliche, dann ins mittlere, schließlich ins südliche Gallien aufzuzählen, um sich danach dem Vandalenzug nach Spanien und Afrika zuzuwenden. »Waren das nicht alles Posaunenstöße des Strafgerichtes, vernehmbar im ganzen Römischen Reich? Aber sie verstopften sich die Ohren und wollten nicht lassen von ihrem bösen Treiben. Euer König Geiserich warf sich vor der Schlacht auf den Boden, mit einem Bußhemd bekleidet. Beim Signal zur Schlacht schritt er vertrauensvoll in den Kampf, er hatte ja schon im Gebet den Sieg errungen. Unsere Generäle wälzten sich noch auf seidenen Betten mit ihren Kebsen und Pagen, zogen erst beim Alarmsignal die Uniform an, erschöpft vom Wein- und Liebesgenuß – da half der Segen der Bischöfe auch nichts mehr! Und so seid ihr schließlich in Karthago eingezogen, von uns als Ketzer und Heiden geschimpft – dabei lebten wir selbst in schlimmerer heidnischer und ketzerischer Bosheit.«
Es kam Sigerich vor, als zitiere er wörtlich aus seinem Buch. Er sprach nämlich ganze Sätze mit geschlossenen Augen. Jetzt öffnete er sie: »In meinem Buch ist alles viel ausführlicher enthalten und sprachlich eleganter formuliert.«
»Verehrter Priester, es beeindruckt mich schon beim bloßen Hören. Ich staune. Ihr haltet uns wirklich für die besseren Menschen?«
»Was heißt hier besser? Ihr habt auch eure Fehler: die Gier nach Gold, den maßlosen Stolz, eure wilde Grausamkeit. Doch eure Tugenden machen diese Fehler wett: für euch ist Keuschheit noch ein hoher Wert, für die Römer nur ein Witz; ihr haltet die Ehe heilig, erzieht eure Kinder zu Anstand und Gottesfurcht, ihr kümmert euch um die Witwen, Waisen und Alten, ihr verspottet keine Religion, ihr sorgt in den Städten für moralische Sauberkeit. Habt ihr nicht in Karthago Tausenden von Dirnen Ehemänner verschafft?« Sigerich nickte, obwohl er wußte, daß manche seiner Stammesbrüder durchaus Ge-

fallen an den lockeren Sitten der Einheimischen fanden, König Geiserich allerdings nicht. »Der einzige Vorzug, den wir vor euch besitzen, ist der katholische Glaube. Doch was hilft der uns, wenn selbst hohe Hirten der Kirche ihre Würde wegwerfen und sich nicht besser benehmen als ihre verlotterte Herde? Gestatte, daß ich mich selbst zitiere: ›Die Kirche Gottes gleicht einem Auge. Wenn nur ein kleines Schmutzteilchen ins Auge fällt, verdunkelt es das ganze Licht. Und wenn am Leib der Kirche auch nur Wenige Schmutziges tun, drohen sie den ganzen Glanz der Kirche zu verfinstern.‹ Lies es nach im 19. Kapitel – oder steht es im 20.? Ehrlich, ich schäme mich oft, ein Katholik zu sein, wenn ich die Unreinheit meiner Glaubensgenossen mit der Reinheit von euch Heiden und Arianern vergleiche. Da frage ich mich: Kann es der rechte Glaube sein, wenn er nicht zum rechten Handeln führt? Sigerich, ich sage dir: Mit meiner Kirche geht's zu Ende. Mich bedrückt das sehr, denn ich liebe sie. Darum hadere ich manchesmal mit Gott: Warum ließ er mich nicht früher das Licht der Welt erblicken? Ich passe nicht mehr in die Zeit, und die Zeit paßt nicht zu mir.«

»Wann hättet Ihr denn leben wollen?«

»Hundertfünfzig Jahre früher: als die römischen Soldaten auf Konstantins Befehl das Christuszeichen auf die Standarten malten: In hoc signo vinces! In diesem Zeichen wirst du siegen! Ach, das ist alles unwiederbringlich dahin. Ecclesia senescit – die Kirche vergreist.«

Sigerich hatte Mitleid mit ihm. In diesem Augenblick hätte Salvian jedem Maler als schwärzester Pessimist Modell sitzen können. Das Virus der Trübsal hatte Körper und Seele infiziert, den Rücken gekrümmt, die Runzeln tief eingegraben, die schütteren Haare vorzeitig erbleichen lassen, ihm Migränen verursacht und jeden Appetit geraubt. Nicht einmal die Bouillabaisse, die er durch eine Magd aus der nächsten Garküche holen ließ, schmeckte ihm. Sigerich mußte diese berühmteste Fischsuppe der Welt allein aufessen. Was ihm aber nicht schwerfiel. Nur dem Wein sprach Salvian fleißig zu, vermutlich, weil er genauso säuerlich war wie er selber.

»Und Ihr meint wirklich, verehrter Salvian, daß zu Zeiten Konstantins alles besser war?«

»In der Kirche auf jeden Fall. Lies nur bei Eusebius nach! Ihr könnt das freilich nicht wissen.« Endlich glitt wieder ein kurzes Lächeln über sein zerknittertes Gesicht. »Ihr haustet damals noch tief in nordischen Sümpfen und Wäldern! Doch was ich dich die ganze Zeit schon fragen wollte: Was führt dich nach Massilia? Halt, sage nichts, laß es mich raten: Du willst jemanden entführen.«

»Jawohl.«

»Und wen? Halt, laß mich raten. Ich hab's: Schiffsbaumeister. Ihr plant nämlich, eine große Flotte zu bauen. Wenn man Karthago beherrscht, fühlt man sich dazu verpflichtet. Das war in der Geschichte immer so.«

»Mag sein. Und wozu sollten wir eine große Flotte brauchen?«

»Um Rom anzugreifen natürlich, was sonst? Ich kann auch nur zurufen: Tut das, tut das möglichst bald. Dann erfüllt sich vielleicht noch zu meinen Lebzeiten mein berühmtester Ausspruch, im 30. Kapitel: Romana res publica vel iam mortua vel certe extremum spiritum agens. Rom ist entweder schon tot oder liegt in den letzten Zügen!«

Es fehlt bloß noch, daß er Hurra! schreit, dachte sich Sigerich. So viel Autoreneitelkeit hätte er bei einem Priester doch nicht erwartet.

»Wir brauchen keine Schiffsbaumeister mehr, in Karthago gibt es genug davon.«

»Wen willst du dann entführen?«

»Euch, großer Meister.«

»Mich?« Salvian hob beschwörend die Arme. »Bitte nicht, ich vertrage keine Seereise, und außerdem ...« Er war nahe daran, sich dem Vandalen zu Füßen zu werfen. Der lachte nur kurz und sagte: »Und wenn Euch unser König einlädt, in seinem Palast zu wohnen?«

»Bitte nicht, ich bin allergisch gegen Palastgerüche. Außerdem, bei aller Sympathie für euren König – er ist ein Ketzer. Ich möchte nicht das Gnadenbrot eines Ketzers essen. Verschone mich! Bitte!«
»Schon gut. Ich komme nicht, um Euch persönlich zu entführen, sondern Euer unsterbliches Werk. Unser König will es in unsere Sprache übersetzen lassen.«
»Was? Mein Werk? Dein König?« Salvian geriet ganz aus dem Häuschen vor Freude. »Oh, er ist ein großer Mann, dieser König Geiserich, der klügste Monarch unseres Jahrhunderts!«
»Jawohl, und darum möchte er auch den größten Autor unseres Jahrhunderts lesen. Übrigens, wir zahlen auch dafür. Euer Buch wäre das erste nach der Bibel, das in unserer Sprache erscheint.«
Da ließ der Autor seinen Freudentränen freien Lauf. Mochte auch die Kirche vergreisen und Rom in den letzten Zügen liegen – Hauptsache, sein Werk war gerettet!

Finis

Warum ein so plötzliches Ende? dachte Peter. Warum diesmal kein tröstlicher Ausblick in die Zukunft? Hatten sich nicht beide Wünsche des mißvergnügten Salvian erfüllt: der Untergang des Römischen Reiches, noch zu seinen Lebzeiten, und der Aufgang des christlich-germanischen Zeitalters, hundert Jahre nach seinem Tod? Doch vielleicht gab es einen anderen Grund, das ›Lob der Vandalen‹ rasch zu beenden. Vielleicht widerstrebte es dem Santitätsdienstgrad Schwaighofer nach drei Jahren Rußlandfeldzug, das Lob eines Germanenvolkes anzustimmen, das allgemein als Inbegriff von Grausamkeit und Zerstörungswut galt. Peter nahm sich vor, den Emeritus danach zu fragen. Zunächst aber vertiefte er sich in seine fünfte und, wie es schien, letzte Geschichte.

Was dem einen der Kaiserhof, ist dem anderen die Wüste

Auf der luftigen Terrasse seines Palastes in Cäsarea wandelte Eusebius, Bischof dieser Stadt und als erster Verfasser einer Kirchengeschichte im ganzen Reich berühmt, mit seinem Neffen Antonius auf und ab. Er hatte ihn, den jüngsten Sohn seiner Schwester, nach Cäsarea kommen lassen, um über dessen Zukunft zu beraten. Seit dem Tod seines Schwagers mußte er sich anstandshalber um die Kinder seiner Schwester kümmern. Gottlob waren die meisten verheiratet und brauchten die Ratschläge des Onkels nicht mehr. Nur Antonius war noch ungebunden, gewissermaßen frei verfügbar. Mit ihm hatte Eusebius Großes vor.

Sie waren sich vor drei Jahren zum letzten Mal begegnet. Antonius zählte damals fünfzehn Jahre und war ein aufgeweckter, hübscher Bursche, vor allem im Vergleich mit seinen plumpen Brüdern. Schon damals hatte Eusebius ihn zu seinem Ersatzsohn auserkoren – er glaubte nämlich an die Richtigkeit des vielzitierten Satzes, daß ein Mann leichter auf eine Frau als auf einen Sohn verzichten könne. Doch hatte er sich gehütet, diese Absicht auch nur anzudeuten. Seine Schwester hätte ihren Jüngsten noch nicht ziehen lassen. Jetzt war dieser achtzehn Jahre alt, höchste Zeit, die Weichen für seine Zukunft zu stellen, bevor ihn irgendeine betuchte galiläische Dorfschönheit ins Ehebett schleppte und zu einem Spießerdasein als Weinbauer oder Schafzüchter verurteilte. Nichts gegen diese ehrbaren Berufe! Eusebius stammte ja selber vom Lande. Doch Antonius schien ihm zu Höherem berufen.

Eusebius hatte seinem Besuch mit leichtem Bangen entgegengesehen. Wie oft schon hatten sich verheißungsvolle Fünfzehnjährige zu enttäuschenden Achtzehnjäh-

rigen gemausert. Eusebius durfte aufatmen: aus dem aufgeweckten, hübschen Burschen vor drei Jahren war ein kluger, stattlicher junger Mann geworden, der genau zu wissen schien, was er wollte. Was das war, verriet er noch nicht. Er wirkte überhaupt sehr zurückhaltend und verschlossen – in diesem Punkt war er ein Sonderfall in der Verwandtschaft. Freilich ließ ihn der Onkel zunächst gar nicht zu Worte kommen. Der schwärmte dem jungen Mann vor, welch große Rolle Cäsarea in der Zeit Jesu und der Apostel gespielt hatte: Auf derselben Terrasse, von der sie jetzt auf den Hafen und das Meer blickten, hatte sich Pontius Pilatus mit seiner Gattin Claudia Procula unterhalten, ebenso wie Jahre später der Statthalter Felix mit dem Apostel Paulus, der zwei Jahre lang sein Gefangener und Gast war; in Cäsarea hatte der Apostel Philippus gewirkt und Petrus den Hauptmann der italischen Kohorte, Cornelius, mit seinem ganzen Hause getauft.
Antonius war nichts neu von alledem, er hatte die Schriften des Neuen Testamentes gründlich gelesen. Doch der Onkel erzählte lebendig und interessant, darum unterbrach er ihn nicht. Nur am Schluß stellte er eine unerwartete Frage: »Weiß man denn, in welchem Raum Paulus gefangengehalten wurde?«
Eusebius lächelte hintergründig. »Eigentlich nicht. Aber wir mußten einen Raum als den Kerker des Paulus bezeichnen. Sonst hätte ihn Kaiser Konstantin nicht in eine reichgeschmückte Kapelle umwandeln lassen, als er den alten Statthalterpalast renovieren ließ und der Kirche schenkte.«
»Der Kirche? Hauptsächlich dir! Er hat dir ja mindestens ebensoviel zu verdanken wie du ihm.«
Eusebius überhörte die feine Ironie. Ihm schmeichelte es zu erfahren, daß seiner Verwandtschaft seine guten Beziehungen zum Kaiser durchaus bewußt waren.
»Ja, Cäsarea wird immer schöner und bedeutender, vor allem seit wir eine angesehene Hochschule und die größte Bibliothek des Reiches besitzen. Dennoch: Was

ist das im Vergleich mit dem neuen Rom am Bosporus, das Kaiser Konstantin zur glanzvollen Hauptstadt des Reiches machen will? Zur Zeit ist es noch eine einzige Baustelle, aber warten wir ein paar Jahre, und das neue Rom übertrifft das alte in jeder Hinsicht: an Pracht der Bauwerke, an der Großzügigkeit der Straßen und Plätze, an der Schönheit der Kirchen, am Ruhm seiner Akademien und an politischer Bedeutung. Rom am Bosporus, Konstantins Stadt, wird Rom am Tiber bald zu einer Provinzstadt degradieren.« Das war nur der Auftakt zu einem langen Vortrag über die unvorstellbaren Aufstiegschancen, die sich für junge, begabte Leute in der neuen Metropole eröffneten. Eusebius rechnete damit, in der nächsten Zeit wieder dahin gerufen zu werden; da brauchte er einen jungen, intelligenten und gutaussehenden Sekretär, mit dem er sich nicht blamieren würde; er würde ihn höheren Orts empfehlen, ja sogar dem Kaiser vorstellen, bevor er wieder in seine Bischofsstadt zurückreisen müßte. Dann läge es an Antonius selbst, sein Glück zu schmieden; freilich würde der Onkel auch aus der Ferne seine schützende Hand über ihn halten. Antonius brauchte nur ja zu sagen. Hörte der aber überhaupt zu? Er schien dem Bischof mit seinen Gedanken woanders zu sein. So setzte Eusebius zum Endspurt an, schilderte das Leben am Bosporus noch einmal in den leuchtendsten Farben und schloß mit dem Satz: »Dort wächst die neue Zeit heran, dort pulsiert das Leben, dort schlägt das Herz der Christenheit, dort gehörst du hin!« Dann wartete er gespannt auf die Wirkung seiner Rede.
»Ach, Onkel«, sagte der Neffe, »hoffentlich behältst du recht. Ich fürchte allerdings, daß im Neuen Rom die Sterbeglocke für die Christenheit geläutet wird. Oder glaubst du wirklich, daß der Bund mit der kaiserlichen Macht unserer Kirche zum Segen gereicht? Solange sie selber verfolgt wurde, wuchs sie unaufhaltsam; sobald sie selber verfolgt, welkt sie dahin. Und sie wird selber verfolgen müssen, weil die Feinde des Kaisers dann auch ihre Feinde sind.«

Also daher pfeift der Wind, sagte sich Eusebius; ich hatte schon Ähnliches befürchtet. Mein schöner Neffe sympathisiert anscheinend mit den jungen christlichen Radikalen, die seit ein paar Jahren uns Bischöfen Kopfschmerzen bereiten.
Eusebius waren solche rebellischen Töne – oder sollte man lieber sagen: nostalgischen Töne? – nicht unbekannt. Wie viele ermüdende und leider ergebnislose Streitgespräche hatte er mit jungen Priestern, Mönchen und Laien geführt, die sich nach der großen Heldenzeit der Kirche zurücksehnten! Sie schwärmten von den großen Verfolgungen, vor denen sie die Gnade der späten Geburt bewahrt hatte, als den notwendigen Bewährungsproben für die Gläubigen und zitierten unermüdlich Tertullians Satz vom Märtyrerblut als dem Samen der Kirche. Am liebsten hätten sie ihn als Spruchband um den Kopf getragen. Zugegeben, der Satz war richtig und würde immer wieder seine Gültigkeit erweisen. Doch konnte er deswegen zur alleinseligmachenden Maxime erhoben werden? Verwöhnt durch den Frieden zwischen Staat und Kirche, der jetzt schon über zwölf Jahre bestand, wünschten sich diese naiven Radikalen eine neue Bewährungsprobe herbei. Als ob eine blutige Verfolgung schon eine Erneuerung garantierte – und nicht auch das Risiko eines letalen Ausgangs bestand! Er mußte seinem Neffen klarmachen, daß eine Christenverfolgung kein Abenteuerurlaub für die Kirche war. Doch dazu mußte er etwas weiter ausholen und aus dem Brunnen seines reichen Wissens schöpfen.
»Was soll das heißen: Die Kirche welkt dahin, sobald sie selber verfolgt? Siehst du irgendwelche Anzeichen dafür?«
»Noch nicht. Es dauert aber bestimmt nicht mehr lange. Macht hat noch jeden verdorben«, sagt Antonius trotzig.
»Macht hat jeden verdorben – geistige Macht auch? Haben die großen Philosophen, Platon und Aristoteles, hat vor allem auch Jesus nicht geistige Macht ausgeübt?

Sag mir, wie sie die geistige Macht verdorben hat.« Gerade wollte Antonius einwenden, das seien sophistische Spitzfindigkeiten, da redete Eusebius schon wieder weiter: »Macht kann verderben, sie muß es aber nicht. Das könntest du an unserem gottgeliebten Kaiser alle Tage studieren, wenn du in seiner Nähe wärst. Außerdem bedürfen deine Vorstellungen von einer Christenverfolgung mancher Korrektur. Die erste unter Nero glich einem bösartigen Insektenstich: Sie raubte der jungen Kirche ihre Führer, Petrus und Paulus, beschränkte sich aber auf die Stadt Rom. Unter Trajan wurden die Christen zwar zu Staatsfeinden erklärt, doch nur in Einzelfällen verhaftet und verurteilt. So blieb es auch unter Mark Aurel. Erst zu meiner Lebenszeit spitzte sich die Lage zu, als Scharfmacher wie Decius und Aurelian von den Christen aktive Teilnahme am Kaiserkult verlangten, mit dem sie das auseinanderfallende Reich zusammenzurren wollten. Es fehlte nicht an standhaften Christen, die treu blieben bis in den Tod; es fehlte aber auch nicht an solchen, die ihn verrieten und abtrünnig wurden.«
»Um die war's kaum schade«, bemerkte Antonius kühl.
»Um jeden ist es schade«, erwiderte Eusebius.
»Und was war mit dir?« fragte der Neffe lauernd.
»Ich war noch ein Kind. Kinder wurden damals noch verschont; später nicht mehr, in der Verfolgung des Diokletian, der gefährlichsten von allen. Wie du weißt, wollte er das alte Römertum wieder restaurieren, zumindest seine eigene ideale Vorstellung davon. Und dazu gehörte eine einheitliche Religion. Natürlich war er zu intelligent, um so tote Götter wie Jupiter, Juno, Mars und Venus aus der Mottenkiste des Polytheismus zu zerren. *Ein* Gott mußte es sein. Ein Gott, ein Reich, ein Kaiser! Angeblich spielte er eine Zeitlang mit dem Gedanken, dem Gott der Christen diese Rolle zuzuweisen. Doch da sollen ihn die jüdischen Wurzeln unseres Glaubens gestört haben. So entschloß er sich, den unbesiegten Son-

nengott, Sol invictus, zum Reichsgott zu erheben. Dieser Sonnengott, der bei der Armee seit langem beliebt war, sollte das Reich zusammenhalten. Mit welch brutalen Mitteln Diokletian dabei vorging, ist dir sicher aus Erzählungen deiner Eltern und Großeltern bekannt.«

»Sogar in der Schule haben wir gelernt, daß es die schlimmste Verfolgung aller Zeiten war.«

»Die schlimmste aller Zeiten – wie leicht das einem jungen Mann von heute über die Lippen geht. Ahnst du auch, was das heißt? Zuerst wurden Kirchen niedergerissen, die wir in ruhigen Jahren unter schweren Opfern errichtet hatten. Natürlich wehrten wir uns, Unruhen flammten auf, Priester und Bischöfe, Männer und Frauen wurden verhaftet und bestialisch gefoltert, wenn sie das Opfer für den Reichsgott verweigerten.«

»Du auch?«

»Ich auch. Frag deine Mutter, die kann es dir bestätigen.«

»Ja, ja. Sie erzählte mir auch, welches Glück du mit deinem Kerkermeister hattest. Der erlaubte sogar, daß du Bücher ins Gefängnis mitnehmen und weiter wissenschaftlich arbeiten konntest. Stimmt das?«

»Was meine Schwester sagt, stimmt immer«, erwiderte Eusebius. »Ja, Gott meinte es gut mit mir, sonst säßen wir heute kaum im Palast von Cäsarea beisammen. Es hing viel von den örtlichen Machthabern ab. Manche begnügten sich mit Verweisen, Geldstrafen oder Berufsverboten. Andere dachten sich immer neue Martern aus. Einen solchen Ausbruch von Sadismus hätte ich in einem zivilisierten Staat wie dem Römischen Reich niemals für möglich gehalten. Erspare mir Einzelheiten! Als im Westen nach der Abdankung Diokletians die Verfolgung endlich abflaute – dort hatte inzwischen der junge Konstantin die Regierung übernommen –, flammte sie bei uns im Osten um so wütender auf. Manche städtische Behörde hatte Geschmack daran gefunden, mit dem Vermögen verurteilter Christen die leere Gemeindekasse wieder aufzufüllen, und betrieb die Verfolgung in eigener

Regie weiter. Leider liegen keine Zahlen vor, wieviel Prozent dem Reichsgott Weihrauch streuten, wieviel nicht. In manchen Provinzen soll es zu einem Massenabfall von Christen gekommen sein. Ich halte das für Übertreibungen der heidnischen Propaganda. Natürlich blieb es nicht aus, daß manche schwach wurden – aus Rücksicht auf die Kinder, auf die Familie, auf die Karriere, auf das Geschäft. Ich breche nicht den Stab über sie. So etwas passiert zu allen Zeiten und wird im Verlauf der Kirchengeschichte immer wieder passieren ...«

»Falls die Kirche noch eine Geschichte vor sich hat!« unterbrach ihn Antonius.

»Nun mach mal ein bißchen langsamer, du mit deinem rabenschwarzen Pessimismus!« sagte Eusebius verärgert. »Damals fürchteten viele, mit der Kirche sei es aus; sie hätten auf das falsche Pferd gesetzt, dem unbesiegbaren Sonnengott gehöre die Zukunft. Nur wenige ahnten, ja ich möchte sagen: wußten, daß der Kraftakt Diokletians der letzte Versuch war, den Sieg des Christentums im ganzen Reich zu verhindern.«

»Und zu diesen wenigen gehörte auch mein Onkel Eusebius! Du weißt gar nicht, wie stolz wir auf dich sind.«

»Das brauchst du gar nicht mit spöttischem Unterton zu sagen, mein lieber Antonius. In diesem Punkt dürft ihr wirklich stolz auf mich sein. Oder habe ich nicht recht bekommen? Es dauerte nur wenige Jahre, und der Wind drehte sich um 180 Grad. Genau gesagt, am 27. Oktober 312, dem Geburtsdatum der neuen Zeit: Schlacht an der Milvischen Brücke, Sieg Konstantins über Maxentius und seine Bekehrung zu Christus.«

»Genauer gesagt: der Anfang seiner Bekehrung. Taufen ließ er sich bis heute nicht. Wahrscheinlich wartet er damit, bis er auf dem Sterbebett liegt und nicht mehr sündigen kann.«

»Dafür wird er seine Gründe haben. Ich respektiere sie und mache ihm keine Vorwürfe deswegen.«

»Dafür hast du ja auch deine Gründe. Wie viele Auflagen deiner Kirchengeschichte hat er dir bisher ermöglicht?«
»Die vierte steht bevor. Ehrlich, mit einem solchen Riesenerfolg hatte ich nicht gerechnet.«
»Kunststück, wenn der Autor seinem Auftraggeber so viel Honig ums Maul streicht wie du!«
Wenn Antonius gehofft hatte, mit diesen Worten den Onkel zu reizen, sah er sich getäuscht. Eusebius leistete sich ein mildes Lächeln und sagte: »Wäre ich nicht so vertraut, ja befreundet mit ihm, wüßte wohl niemand, was am Tag vor der Schlacht wirklich geschehen ist. Ich werde es in meinem nächsten Werk über den Kaiser publizieren, auch auf die Gefahr hin, daß es manche für ein Produkt meiner Einbildungskraft halten.« Und dann erzählte er Antonius – wie vor drei Jahren schon – die Geschichte von Konstantins wunderbarem Traum: wie dieser am Abend am Himmel über der untergehenden Sonne das Siegeszeichen des Kreuzes erblickt hatte, aus Lichtstrahlen gebildet, und daneben die Inschrift: In diesem Zeichen wirst du siegen. Er wußte aber noch nicht, was das Zeichen bedeutete, bis ihm Christus im Traum erschien und ihm auftrug, es bei seinen Kämpfen als Feldzeichen zu verwenden. Auch in der Schlacht gegen den Tyrannen Maxentius an der Milvischen Brücke; er siegte im Zeichen Christi.
Antonius schüttelte den Kopf und sagte: »Das ist deine wohlmeinende Interpretation, Onkel. Konstantin soll sehr abergläubisch sein. Wahrscheinlich hielt er das Zeichen für ein Symbol des Sonnengottes. Hätte er sonst gestattet, auf seinem Triumphbogen mit lauter Sonnensymbolen dargestellt zu werden?«
»Das verfügte der Senat der Stadt Rom, der dieses Ehrenmal finanzierte und damals noch heidnisch war bis in die morschen Knochen hinein.«
»Immerhin, der angeblich bekehrte Konstantin ließ sich das gefallen.«
»Manchmal muß man so tun als ob«, sagte Eusebius

verstimmt, »ein grüner Junge wie du versteht das noch nicht.«
»Vielleicht tut der Kaiser auch so, als ob er an Christus glaubt.«
»So, so«, höhnte Eusebius. »Mein Neffe Antonius kennt anscheinend die geheimsten Gedanken Seiner Kaiserlichen Majestät!«
»Darauf verzichte ich gern. Trotzdem behaupte ich: Seine Wende zum Gott der Christen war nichts als schlaue Berechnung. Er kannte aus Erfahrung die gute Disziplin und hohe Moral seiner christlichen Soldaten und sagte sich: Wenn das kranke Reich noch einmal genesen kann, dann nur mit Hilfe dieser entschlossenen, gut organisierten und moralisch intakten Minderheit! Und so verschrieb er sich dem neuen Sonnengott, weil Diokletian mit seinem alten gescheitert war.«
»Aber dieser neue hieß Christus! Antonius, ganz gleich, ob eine gewisse Portion Aberglauben und Berechnung mitgespielt haben, entscheidend für uns ist das Ergebnis. Gesiegt hat nicht nur Konstantin, sondern durch ihn auch die Kirche, die vorher gleichfalls wie eine Schwerkranke darniederlag. Wir sprachen eben davon.«
»Nun übertreibe nicht!«
»Und die jetzt in voller Gesundheit aufblüht!«
»Nun übertreibst du schon wieder! Sag mal, lieber Onkel« – Antonius rückte näher an den Alten heran und legte ihm, fast brüderlich, den rechten Arm um die Schultern: »Du bist doch ein kluger und geschichtskundiger Mann. Kommt dir nie der Zweifel, daß alles, was du als Wende bezeichnest, das Ende bedeuten könnte?«
Der Bischof, der unter der unerwarteten herzlichen Berührung zusammengezuckt war, fragte: »Was meinst du mit ›alles‹?«
»Die ganze Entwicklung der letzten Jahre seit dem schauerlichen Gemetzel an der Milvischen Brücke. Du sprichst von einer Geburtsstunde. Gebe Gott, daß dieses Ereignis nicht als Sterbetag der Kirche in die Annalen eingehen wird!«

»Erst sprachst du von der Sterbeglocke, jetzt vom Sterbetag! Mir scheint das für einen jungen Mann, der das Leben noch vor sich hat, nicht nur unpassend, sondern geradezu unsinnig.«
»Unsinnig, sagst du? Aber Onkel, dir kann doch nicht entgangen sein – auch wenn du wie viele Bischöfe gerne vom Boden der Realität abhebst –, was seit dieser ›Wende‹ alles passiert ist. Sie blieb ja nicht auf den Kaiserhof beschränkt. Wie viele Wendehälse aus den Behörden, aus dem Militär, aus der Geschäftswelt und den Philosophenschulen flatterten in den frischlackierten Käfig der Kirche hinein und geben jetzt den Ton an? Seit ein Lippenbekenntnis zu Christus und ein kalter Guß mit dem Taufwasser die Karriere beschleunigen, strömen Zeitgenossen in unsere Reihen, die vorher nur Spott und Verachtung für uns übrig hatten. Selbst Richter und Henker der letzten Verfolgung erkaufen sich die Mitgliedschaft in den Gemeinden.«
Der Bischof löste sich aus der Umarmung, die er jetzt als unpassend empfand. Solche Pauschalurteile waren nicht einmal bei einem Achtzehnjährigen verzeihlich.
»Erkaufen, sagst du? Mir ist kein einziger Fall bekannt, daß einer meiner Amtsbrüder für die Taufe eines unwürdigen Kandidaten Schmiergelder eingestrichen hätte.«
»Direkt natürlich nicht, vielleicht als Spende getarnt, für den Wiederaufbau einer zerstörten Kirche zum Beispiel.«
»Du hältst anscheinend keine echte Bekehrung für möglich. War deine etwa auch nicht echt?«
Antonius erschrak. Was hatte der Onkel über ihn in Erfahrung gebracht? Verführt durch falsche Freunde, hatte sich Antonius vor anderthalb Jahren in den Mithras-Kult einweihen und mit Stierblut übergießen lassen; einige Monate lang hatte er an den Zeremonien der Mithrasjünger in unterirdischen Höhlen teilgenommen. Nicht einmal seine Mutter und seine Geschwister hatten etwas davon erfahren. Woher wußte es Eu-

sebius? Unterhielt er Spitzel in seiner Diözese, wie man es dem Patriarchen von Antiochien nachsagte?
»Ich hoffe, meine Bekehrung war echt«, sagte er leise.
»Na also«, sagte Eusebius, durch das Eingeständnis des Neffen wieder wohlwollend gestimmt. »Jeder Saulus hat die Chance, zu einem Paulus zu werden. Warum nicht jeder Christenhasser die Chance zu einem überzeugten Christen? Oder willst du, Antonius, der Gnade Gottes Schranken setzen?«
»Um Himmels willen, nein. Ich zweifele ja nicht an der Möglichkeit echter Bekehrungen. Nur fürchte ich, daß viele Neuchristen aus einer Haltung heraus handeln, welche die Lateiner Opportunismus nennen. Immer hängen sie ihr Gesinnungsmäntelchen nach dem Wind. Zur Zeit bläst er aus der christlichen Ecke. Pfeift er eines Tages aus der Gegenrichtung, fallen sie gleich wieder ab.«
»Nicht, solange Konstantin lebt!«
»Und wie lange leben römische Kaiser? Nach dem statistischen Durchschnitt regieren sie ein Jahr und zwei Monate; dann erleiden sie den ›natürlichen Tod‹ eines römischen Kaisers: durch den Dolch ihres Nachfolgers und landen in der Cloaca maxima.«
»Du sprichst von den heidnischen Zeiten. Inzwischen hat eine neue Ära begonnen, eine christliche Ära mit dem unerschütterlichen Bündnis von Thron und Altar, von Staat und Kirche. Junger Mann, bist du denn blind für diese Chance? Ich bin alt, ich kann das Gelobte Land nur aus der Ferne betrachten, wie seinerzeit der alte Moses. Deine Generation wird es betreten und dort eine wahrhaft christliche Gesellschaft errichten! Stell dir vor, wenn der Staat mithelfen wird, die Grundsätze unserer Religion zu verwirklichen und in den Seelen zu befestigen – was für glänzende Perspektiven tun sich da auf! Dazu braucht es begabte junge Männer!«
Der Neffe setzte der Begeisterung des Onkels sogleich einen Dämpfer auf: »Christliche Gesellschaft? Einige Perspektiven taten sich bereits auf. Ich finde sie höchst

unerfreulich. Ein Beispiel nur: Vergleiche doch einmal Jesus mit deinem heißgeliebten Konstantin!«

»Ich liebe Jesus heißer als Konstantin, vergiß das nicht!«

»Um so besser. Wer mit Jesus sprechen wollte, konnte ihn jederzeit anreden, auf der Straße zum Beispiel; er mußte sich höchstens durchkämpfen durch die Menge der Heilung Suchenden und Wundersüchtigen. Jesus war für jeden da. Wenn du dagegen zum Kaiser willst – pardon, das ist kein gutes Beispiel, denn du findest ja jederzeit Zutritt zu ihm! Aber wenn ein unbekannter Bürger wie ich um eine Audienz ansucht ...«

»Dieses Recht steht auch dem ärmsten Schlucker zu!«

»... so wird sie frühestens nach einigen Wochen genehmigt, mir wird ein Zeitpunkt mitgeteilt. Endlich naht der große Tag! Ich werde vorgelassen. Aber nicht zum Kaiser! Nein, in den Vorsaal Nummer eins, wo ein Dutzend Lakaien und Hofschranzen wie Pfauen umherstolzieren und es jeden normalen Sterblichen spüren lassen, daß sie turmhoch über ihm stehen. Wehe, man redet sie nicht gebührend an, sonst heißt es gleich: Komm morgen wieder!«

»Reg dich doch nicht über solche Lappalien auf! Hofgeschmeiß gab es zu allen Zeiten.«

»Ich rege mich nicht auf. Ich finde es nur anstößig für einen Kaiser, der sich christlich nennt. Und vom ersten Vorsaal geht es in einen zweiten, einen dritten, einen vierten, und so weiter. Du weißt bestimmt genau, wie viele es sind – außer es gibt für Günstlinge eine Hintertür.« Eusebius stöhnte. Wie oft warf ihn der Neffe noch seine guten Beziehungen zum Kaiser vor! Antonius bemerkte das Stöhnen des Onkels nicht, er, der scheinbar verschlossene Jüngling vom Lande, redete ungestüm weiter: »Überall mußt du warten, der Laune der Lakaien ausgeliefert. Endlich bist du vor der Tür des Erhabenen angelangt und darfst sogar eintreten. Geblendet von der Pracht des Goldes erkennst du gar nicht, wer auf dem Throne sitzt. Es könnte auch eine Attrappe sein. Du

fällst auf die Knie und küßt den Saum des kaiserlichen Kleides. Majestät geruht, einen Blick auf dich zu werfen, vielleicht sogar deine Bitte anzuhören. Dann reicht er dich und deine Bitte an einen Ausschuß weiter. Nun frag ich dich: Mußte man bei Jesus auch förmlich um eine Audienz ansuchen und in sieben Vorsälen warten, ehe er sich eines Bittstellers erbarmte?«
»Das Hofzeremoniell stammt aus Persien und wurde bereits von Diokletian eingeführt.«
»Mag sein. Doch sollte ein christlicher Herrscher nicht auf solche heidnische Sitten verzichten, die an Götzendienst grenzen?«
Eusebius hielt das höfische Zeremoniell am Kaiserhof, später als byzantinisch bezeichnet, zwar auch für übertrieben, doch wollte er das seinem Neffen gegenüber nicht zugeben. Darum fragte er ihn: »Soll unser gottgeliebter Kaiser etwa, in einen fleckigen Philosophenmantel gehüllt, ausländische Potentaten auf einem wackeligen Hocker empfangen und mit ihnen Grießbrei aus einem Holznapf löffeln? Ein Herrscher hat zu repräsentieren, auch ein christlicher, sonst büßt er seine Würde ein. Frag doch mal die Leute! Der Mehrheit gefällt dieser Pomp!«
»Dir auch, Onkel«, sagte Antonius, »gib es nur zu, und vielen deiner Kollegen. Es dauert sicher nicht mehr lange und ihr baut euch ähnliche Paläste, ein bißchen kleiner vielleicht, aber drei Vorsäle mit den entsprechenden Hofschranzen sollten es schon sein. Und ihr werft euch dann in ähnliche Prachtkostüme von den silbernen Schnallenschuhen bis zur edelsteinfunkelnden Mitra und laßt die Bittsteller vor euch niederknien und die ringgeschmückte Rechte küssen, den sogenannten Fischerring – wie sich das für die Nachfolger der armen Fischersleut vom See Genesareth geziemt. Und das verkauft ihr dann unter dem Markenzeichen: Christliche Gesellschaft.«
Wie man sich über solche Äußerlichkeiten nur so ereifern kann! Er ist halt noch ein bißchen unreif, mein

schöner Neffe, dachte sich der Bischof und sagte: »Du übertreibst. So weit kommt es nie!«
»Da gebe ich dir recht: So weit kommt es nie! Weil wir das nämlich nicht zulassen werden.«
»Wir?«
»Nicht wir beide, sondern die wachsende Schar junger Menschen, für die eine reiche und mächtige Kirche nicht mehr die Kirche Jesu Christi ist.«
»Aha, jetzt weiß ich, wen du meinst: die konsequenten Radikalen, die lieber aus der Welt flüchten, weil sie ihnen böse erscheint, anstatt sich mit ihr auseinanderzusetzen.«
»Was nutzt denn die Auseinandersetzung, wenn sie in der Anpassung endet? Wir halten uns an den Satz des Apostels: Gleicht euch nicht dieser Welt an!«
»Dieser Welt – ganz recht, so heißt es und so stimmt es«, sagte Eusebius. »Doch was war mit dieser Welt gemeint? Die Welt zur Zeit der Apostel, die Welt vor 200 Jahren, auch noch die Welt vor 100, ja vor 20 Jahren, solange diese Welt nämlich gottlos war. Aber kann das Wort noch in einer Zeit gelten, in der sich die gottlose Welt in eine christliche Welt verwandelt, weil sie die Botschaft des Glaubens angenommen hat? Jesus hat das doch verheißen, als er seine Jünger hinaus zu allen Völkern sandte und sie zu taufen befahl. Noch sind wir nicht ganz so weit, noch wehrt sich das Heidentum, noch hat der Sauerteig unseres Glaubens nicht die ganze Gesellschaft durchsäuert, das gebe ich zu. Aber wir kommen dem Ziel mit jedem Tag näher. Und eines darfst du mir glauben: Wir werden es schneller mit dem Kaiser als ohne oder gar gegen ihn erreichen!«
Dem stimmte Antonius nicht zu. »Ich kann nicht erkennen, warum das mit dem Kaiser schneller erreicht werden soll, und sei er noch so gottgeliebt und gotterleuchtet, wie du behauptest. Mein Platz ist jedenfalls nicht an seiner Seite. Du hättest das gern, ich weiß. Ich könnte dir keine größere Freude machen, als mit dir ins neue Rom zu ziehen, die hohen Schulen zu durchlaufen und die

Karriere einzuschlagen, die du für mich geplant hast und wahrscheinlich auf einem Bischofsthron enden soll. Mir ist auch klar, daß ich dir Schmerz zufüge mit der Ablehnung deines großartigen Angebots. Doch mein Weg ist ein anderer.«

»Der Weg eines asketischen Heroen, nicht wahr, nach dem Muster deines Namensvetters Antonius, der in der Wüste gegen die Dämonen kämpft, zwischendurch den ganzen Psalter singt, sich von Wasser und Brot ernährt und der trotz pausenloser Abtötung mit 80 Jahren gesund wie ein 18jähriger sein soll. Kein Zahn ist ihm ausgefallen, er sieht scharf wie ein Luchs und hört die Wüstenflöhe husten. Sagen seine Verehrer.«

»Warum machst du dich lustig über ihn?« fragte Antonius verärgert. »Hast du nicht in deinem vorletzten Buch die unglaublich harte Askese des Origenes gerühmt? Ernährte der sich nicht auch von einfachsten Speisen, verzichtete auf Wein, schränkte den Schlaf auf drei Stunden ein, schlief auf der Erde und befolgte buchstäblich das Jesuswort, daß man nur zwei Röcke besitzen soll?«

»Origenes, ja, aber der stand trotz aller Entbehrungen mitten im Leben. Hier in Cäsarea gründete er seine hohe Schule, stellte er seine riesige Bibliothek zusammen, tagsüber lehrte er die Studenten, nachts schrieb er seine theologischen Werke. Das nenne ich Arbeit fürs Gottesreich. Origenes vergrub sich nicht in Felsengräber und zimmerte sich nicht eine Zelle zur Pflege der eigenen Seele. Er flüchtete nicht aus der Welt, er stellte sich ihr und versuchte sie christlich zu prägen.«

»Das war eben sein besonderer Weg. Anderen ist ein anderer bestimmt. Die Mönche in den Klöstern zum Beispiel ...«

»Die Klöster! Das Wort mußte ja endlich fallen. Die Klöster sind jetzt groß in Mode. Ins Kloster zu gehen – das reizt die verwöhnte, versnobte Jugend der großen Städte, nachdem sie alle anderen Nervenkitzel schon ausprobiert hat. Wüste, Strenge, Einsamkeit und das stolze Gefühl, ein christlicher Heros zu sein und sich gebührend bewundern zu lassen, auch wenn man in Wahrheit nur ein frömmelnder Faulenzer ist.«

»Bitte, sei nicht ungerecht! Solche kaputten Typen, die nur ein neues Abenteuer suchen, gibt es natürlich auch. Doch die machen nach wenigen Wochen schlapp und flüchten schnell wieder zu ihren weichen Betten, warmen Bädern und üppigen Mahlzeiten. Meine Freunde und ich meinen es ernst. Wir leben mitten unter den übrigen Menschen wie Mönche, fast schon drei Monate lang. Doch das ist eine halbe Sache. Und so verlassen wir die Welt, um sie zu retten. Wir kämpfen gegen die bösen Mächte, mit denen andere faule Kompromisse schließen. Und darum, sei mir nicht gram, wähle ich einen anderen Weg als du, weil ich den deinen für einen – Umweg halte.«

»Umweg? Du wolltest Irrweg sagen, stimmt's?« Antonius schwieg und sah zu Boden.

»Ja«, seufzte Eusebius, »da kann ich genausogut gegen Wände reden, Felsenwände in der Wüste zum Beispiel. Pech für mich. Ich hatte mir ein anderes Ergebnis deines Besuches erhofft. Vielleicht sollte es nicht sein.«

»Gott wollte es nicht!«

Dem sonst so gesprächigen Eusebius fiel jetzt kein Argument mehr ein; jedes Wort macht ihm plötzlich Mühe. Er fragte den Neffen nur noch, welche Wüste er sich denn aussuchen werde, die syrische, die libysche, die ägyptische oder die Wüste Juda.

»Wohin Gott mich ruft.«

»Hoffentlich vergißt er das nicht. Erinnere ihn vorsichtshalber daran.«

Antonius warf einen mißtrauischen Blick auf Eusebius. Sprach da der Bischof oder der Skeptiker oder nur der enttäuschte Onkel?

»Ich wollte dich wirklich nicht kränken, Onkel.«

»Tust es aber trotzdem. Na, laß es gut sein. Geh du deinen Weg, ich gehe den meinen. Irgendwann wird die Geschichte erweisen, welcher der richtige war. Vielleicht keiner von beiden, und es gilt, einen dritten zu

finden. Doch jetzt lade ich dich erst mal zum Essen ein. Mein Koch erinnerte sich noch genau, was dir vor drei Jahren am besten geschmeckt hat: Lammkeule auf arabische Art, zum Dessert Haselnußeis und als Getränk, wenn du magst, Wein vom Tabor, dem Berg der Verklärung. Einverstanden? Von Disteln, Skorpionen und Regenwasser kannst du dich noch lange genug ernähren.«
Antonius war einverstanden.
Und nun erlebte Bischof Eusebius, der Vater der Kirchengeschichte, doch noch eine Freude: Antonius aß mit einem Appetit wie ein Scheunendrescher, der drei Tage lang gehungert hat. Die zweite und dritte Lammkeule verschwanden so schnell wie die erste. Und wie ihm der Wein schmeckte! Vielleicht ist er doch noch nicht ganz für die ›böse Welt‹ gestorben, dachte sich der Onkel. Antonius war wie ausgewechselt, nicht mehr der humorlose, aggressive Idealist, sondern ein vergnügter Bursche vom Land, der scherzte und lachte und dem Onkel alle möglichen Schelmenstreiche aus der Schule auftischte. Anfangs mit flinker, später mit etwas schleppender Zunge. Er hatte ja, wer weiß wie lange, keinen Wein genossen, und so bewirkte die Traube vom Berge Tabor bei ihm eine Verklärung besonderer Art. Als er die Tafel restlos abgeräumt hatte und sich von ihr erhob, mußte der alte Onkel ihn stützen, so bedenklich schwankte er hin und her.
Nur in seinem Entschluß, die Welt zu verlassen, schwankte Antonius nicht.

Finis

Nachdenklich legte Peter das blaue Heft aus der Hand. Bei der Lektüre war er bald auf die Seite des Eusebius, bald auf die des Antonius getreten. Die Parallele zu Problemen unserer Zeit lag auf der Hand. Dabei hatte sie der Emeritus, als er die Geschichte auf dem Hauptverbandsplatz niederschrieb, kaum vorausahnen können.

Wen hatte die Geschichte nun bestätigt, Eusebius oder Antonius?
Peter rief den Emeritus an und fragte ihn nach dessen Meinung.
»Die Frage wäre bis vor wenigen Jahrzehnten einhellig beantwortet worden: natürlich Eusebius. Solange das Bündnis von Thron und Altar in Europa bestand, zweifelte kaum jemand an dessen Nutzen für beide Seiten. Die konstantinische Wende galt als gewaltiger Fortschritt in der Geschichte. Sie hatte ein tausendjähriges christliches Zeitalter eingeläutet, im Osten wie im Westen, und eine Kultur geschaffen, die noch heute unsere Bewunderung verdient – trotz vieler Schattenseiten, die wir gar nicht hinwegdisputieren wollen. Inzwischen mehren sich die Skeptiker. Nicht nur junge rebellische und nostalgische Gemüter, auch Kirchengeschichtler sehen in der konstantinischen Wende den ›Abfall vom Ursprung‹ und werfen der Kirche vor, sie habe ihre ureigenste Sendung verraten und sich an den Staat verkauft.«
»Sie scheinen diese Meinung nicht zu teilen, Herr Professor.«
»Ich habe Verständnis für den Protest des Antonius und seiner heutigen Gesinnungsfreunde gegen die Führung der Kirche – doch hätte die Führung der Kirche damals anders handeln können? Hätte sie Konstantin die kalte Schulter zeigen und erklären sollen: ›Danke für Ihr großzügiges Angebot, Majestät. Doch wir sitzen lieber am warmen Ofen der Opposition, am liebsten in einem Ghetto, wo uns niemand stört und wir unseren eigenen Lebensstil kultivieren können. Finden wir nicht in der Bibel alles, was wir zu wissen brauchen? Hat Jesus nicht alle Fragen beantwortet, die uns bewegen?‹ Eine ähnliche Mentalität kannst du heute bei bestimmten Sekten finden. Jesus hatte zwar den Raum Israels kaum überschritten. Doch seine Botschaft sollte allen Menschen das Heil bringen. Eine Verkündigung ist nur wahr, wenn sie für alle Menschen wahr ist – oder sie ist für niemanden

wahr. Das hat die junge Kirche bald begriffen, vor allem Paulus. Damit stellten sich völlig neue Probleme, die bisher in der geschlossen jüdischen Umwelt noch gar nicht existierten. Da genügte es nicht, die Worte der Bibel zu wiederholen; die Antworten auf die neuen Fragen mußten so formuliert werden, daß die Frager sie verstanden. Diese Frager aber kamen aus der hellenistischen Welt des östlichen Mittelmeerraumes. Lange scheuten es die Christen, sich der Herausforderung dieser Kultur zu stellen, vielleicht aus Angst, ihr nicht gewachsen zu sein, vielleicht aus dem Stolz, die volle Wahrheit gepachtet zu haben. Gott sei Dank schenkte der Herr seiner Kirche im dritten Jahrhundert die großen Theologen, welche die Grenzen überschritten und mutig die Auseinandersetzung mit der herrschenden Intelligenz und ihrer Philosophie eröffneten, zuerst Clemens von Alexandrien, nach ihm sein Schüler Origenes, den ich genauso hoch schätze wie mein Eusebius. Ich bezweifle, ob es die Kirche heute gäbe, wenn sie dieser Auseinandersetzung ausgewichen wäre. So aber übernahm sie sehr bald die geistige Führung im Römischen Reich.«

»Und dann kam Konstantin.«

»Ja, wir würden sagen: Der hatte den richtigen Riecher. Er erkannte klar, daß ohne die Christen das Reich auseinanderfiel, also mußte man sie in den Staat integrieren und aus ihnen die neue Führungsschicht rekrutieren. Die Kirche ging darauf ein. War das ein Sündenfall? Wenn ja, dann war er unvermeidlich. In den östlichen Provinzen bekannte sich die Mehrheit der Einwohner zum Christentum. Konnte sich diese Mehrheit auf die Dauer weigern, Verantwortung in Staat, Verwaltung und Gesellschaft zu übernehmen? Ausgeschlossen, man hätte sie mit Recht feig und verantwortungslos gescholten.

Auch der heilige Wüstenvater Antonius korrespondierte mit Kaiser Konstantin und dessen Söhnen und übte so kirchenpolitischen Einfluß aus. Davon konnte der Neffe des Eusebius nichts wissen; ich wußte es bei der Niederschrift selber noch nicht. Für mich gehört es heute zu den erstaunlichsten Paradoxien der Geschichte: Das frühe Mönchtum lehnte Bildung, Studium, Philosophie und Wissenschaft heftig ab; wir würden die Wüstenväter heute boshaft als Kulturbanausen bezeichnen. Doch es dauerte nicht lange, und das Mönchtum gehörte zu den Begründern und Trägern einer neuen Bildung und Kultur, vor allem in den germanischen Ländern.«

»Und in Irland, vergessen Sie die Iren nicht!«

»Wie könnte ich die Iren und ihre Errungenschaften vergessen!« Peter wartete einen Augenblick, ob er durchs Telefon ein Gluckern hörte. Er hörte keins; offenbar stand der Whiskey weiter weg vom Telefon.

»Gott läßt sich nicht vorschreiben, wie die Geschichte abzulaufen hat, und spielt Propheten und Futurologen immer wieder einen Streich. Du kennst ja sicher die Parodie auf den alten Spruch: Der Mensch denkt und Gott lenkt.«

»Der Mensch dachte und Gott lachte!«

»Richtig! Das mag für viele wie ein Kalauer klingen, für mich ist es zumindest ein Kalauer mit Tiefgang. Schien zum Beispiel der Ostblock nicht für alle Ewigkeit gezimmert? Und wie schnell krachte der ganze Bau zusammen?! Knapp siebzig Jahre existierte die Sowjetunion, dreißig Jahre weniger als das Vandalenreich in Afrika – und das wird in allen Geschichtsbüchern als kurzlebig eingestuft.«

»Als Historiker sind Sie wirklich um Ihre Perspektive zu beneiden, Herr Professor.«

»Na ja, wir sind auch nur hinterher klüger. In der Gegenwart sind wir genauso blind wie alle anderen. Ich nehme an, der liebe Gott hat auch über mich gelacht, als ich fürchtete, Hitlers Tausendjähriges Reich könnte meine eigene Lebenszeit überdauern, und als Mittel gegen diese Angst meine Geschichten schrieb. Gott sei Dank kam es anders. Der alte Hegel sagte: Man lernt aus der Geschichte nur, daß die Menschen nichts aus ihr lernen. Dein alter Emeritus fügt hinzu: Man lernt aus der Geschichte, daß es meistens anders kommt, als wir es erwarten. Das gilt übrigens schon für die Zeiten der Apostel. Ich wollte mir da auch noch eine Story ausdenken, anscheinend fehlte mir der Aufhänger, so ließ ich es bleiben. Doch nun entschuldige mich, mein Hausarzt steht vor der Tür! Schick mir bitte die Hefte zurück, ich würde sie selber gerne lesen – zum ersten Mal nach über fünfzig Jahren.«

Peter versprach es.

Als er abends am Gartentisch über dem Programm einer Wochenendtagung der BBZPP brütete, kam ihm plötzlich ein Einfall, und zwar just in dem Augenblick, als ihm etwas Grauweißliches auf die Stirn klatschte: Verdauungsgrüße eines Rotschwänzchens. Oder war es eine moderne Form des Musenkusses? Jedenfalls schrieb er wie besessen die halbe Nacht durch und auch die nächste halbe Nacht, nicht mit Computer, sondern mit der Hand, weil ihm der Inhalt aus dem Herzen floß.

Drei Tage später erhielt der Emeritus seine blauen Hefte zurück, um eines vermehrt. Ein kurzer Brief lag bei:

Verehrter Herr Professor, wie Sie sehen, wagte ich es, Ihnen ins Handwerk zu pfuschen. Gottlob sind Sie kein Deutschlehrer, sonst würden Sie darunter schreiben: Thema größtenteils verfehlt. Irgendwie, finde ich, paßt es trotzdem zu Ihren Geschichten. Lassen Sie sich vom Titel nicht irreführen: ›Die Silberhochzeit von Kana.‹ Genaugenommen bezieht sich der nur auf den Mittelteil; vielleicht fällt Ihnen ein besserer ein, der die Schweine von Gerasa nicht aussperrt. Viel Spaß beim Lesen! Ihr schwarzer Peter.

Die Silberhochzeit von Kana

Vorbemerkung: Mögen Wissenschaften wie Chemie, Physik und Medizin noch so spektakuläre Triumphe feiern, so wollen wir doch darüber die Erfolge der stillen Wissenschaften, wie der Paläographie, nicht vergessen. So entdeckten unlängst Forscher der Universität von Saloniki, mehr zufällig allerdings, in der Bibliothek des Athos-Klosters Simonos Petras ein vergilbtes, kaum entzifferbares Manuskript aus dem späten 13. Jahrhundert. Es handelte sich um die Abschrift einer sogenannten Apokryphe, die ihrerseits dem 5. nachchristlichen Jahrhundert zuzuweisen ist. (NB: Unter Apokryphen versteht man Schriften frühchristlicher Erbauungsliteratur, in denen, bildlich gesprochen, das Knochengerüst der Evangelien mit dem schmackhaften Fleisch der Legende angereichert wurde. Manche dieser Apokryphen konkurrierten lange Zeit mit den kanonischen Schriften des Neuen Testamentes. Sie wurden aber von der Kirche nie als Offenbarungsschriften anerkannt. Trotzdem wurden sie gerne gelesen. Vieles von ihrem Inhalt drang in die Volksfrömmigkeit ein, zum Beispiel Ochs und Esel an der Krippe, die Namen der heiligen drei Könige, das Schweißtuch der Veronika und vieles andere mehr.) Den Experten der Universität von Saloniki gelang es, in mühseliger Kleinarbeit einen zwar lückenhaften, aber doch inhaltlich zusammenhängenden Text dieser Apokryphe herzustellen. Er wurde im Jahrbuch der Paleographia antica et mediovalis 1992, Bd. 2, pag. 7–40 von Prof. Lamprokles Thrasynikis mit den nötigen Anmerkungen publiziert. Wir bieten eine für den modernen Lesegeschmack aufbereitete deutsche Fassung unter dem vorläufigen Titel: »Die Silberhochzeit von Kana.« Der Held dieser Apokryphe ist der Apostel Petrus. Über seine Wirksamkeit in den vierziger und fünfziger Jahren gibt es mehr Vermutungen als Gewißheiten. So soll er zum

Beispiel Vorsteher der Gemeinde in Antiochien gewesen sein. Es spricht jedoch viel dafür, daß er spätestens im Jahre 58 nach Rom übersiedelte, wo er neun Jahre später in der Verfolgung Neros den Martertod erlitt.

Text: Bevor sich der heilige Petrus nach Rom aufmachte, wollte er noch einmal jene Wege abwandern, die er ein Vierteljahrhundert vorher an der Seite seines Meisters gegangen war. Eine Jubiläumswallfahrt sozusagen. Petrus war lange nicht mehr in seiner Heimat gewesen, das letzte Mal beim Tode seiner Schwiegermutter. Es wohnte noch viel (nähere wie fernere) Verwandtschaft in Betsaida, doch wenn er sich dort zeigen würde, müßte er Besuch um Besuch machen, Kuchen um Kuchen essen; man war nicht ungestraft die prominenteste Person in der Sippschaft. Und wenn auch nur eine Minderheit seiner Cousins und Cousinen, Neffen und Nichten und deren uferloser Anhang seinen Glauben an Jesus teilte, sie wußten alle, daß er das angesehene Oberhaupt dieser ›Sekte‹ in ganz Palästina und Syrien war. Sich mit seiner Gegenwart zu schmücken und seiner Blutsverwandtschaft zu brüsten, konnte nichts schaden. Der Zulauf zu diesen ›Christen‹ wurde immer stärker, gerade in einer Stadt wie Tiberias, und dort setzten die Fischer aus Betsaida wie vor 25 Jahren noch immer den größten Teil ihrer Fänge ab.
Der Verwandtschaft galt es klug auszuweichen, so gern Petrus durch die vertrauten Gassen von Betsaida, Kapharnaum und Magdala geschlendert wäre, wo ihn jede Synagoge, jeder Platz, ja fast jede Hausecke an sein Zusammensein mit dem Meister erinnerte. Hätte er noch Puste genug, er würde den Tabor besteigen; noch lieber in einem Fischerboot über den See Genesareth rudern. Eigentlich, sagte sich Petrus, war es gleichgültig, auf welchen Straßen er in Galiläa wanderte, überall würde er auf die Spuren des Meisters stoßen, auf Schritt und Tritt würden Erinnerungen an dessen Worte und Wunder in ihm erwachen.

Die Wunder! Was mochte aus den Menschen geworden sein, an denen Jesus seine erstaunlichsten Wunder vollbracht hatte? Zum Beispiel aus den jungen Menschen, die er vom Tode erweckt hatte: aus der Tochter des Synagogenvorstehers Jairus und aus dem Jüngling von Naim? Selbst wenn sie inzwischen verstorben oder woandershin gezogen waren, bei dem unverwüstlichen Erinnerungsvermögen der Leute auf dem Land konnten diese Wundertaten, deren Ruf sich durch ganz Galiläa verbreitet hatte, doch nicht ganz vergessen sein. Oder das Brautpaar von Kana! Müßte das jetzt nicht, fünfundzwanzig Jahre nach dem Weinwunder, seine Silberhochzeit feiern? Vorausgesetzt, die Ehe hatte gehalten. Selbst in so konservativen Landstrichen wie Galiläa hatte die Zahl der Scheidungen zugenommen. Sollte Petrus es riskieren, als ›Überraschungsgast‹ bei der Silberhochzeit aufzutauchen?

Auf dem Weg nach Kana wies ein Wegweiser nach Naim. Naim! Das laß ich mir nicht entgehen, sagte sich Petrus, Auf zum Jüngling, den Jesus von der Totenbahre ins Leben zurückgerufen hatte.

Wohin wendet sich ein Fremder, um Auskünfte einzuholen, wenn das Wirtshaus noch nicht geöffnet hat? Zum Dorfbrunnen natürlich. Dort findet man immer genügend mitteilungsbedürftiges Weibervolk. Als Petrus ihnen einen schönen guten Morgen wünschte, hoben sie überrascht die Köpfe. So viel Höflichkeit am Werktagvormittag – das waren sie von ihren Männern nicht gewohnt. Ihre Neugier war erwacht, und Petrus gab ihr Zucker. Er komme aus Jerusalem, sagte er, und befinde sich auf einer Forschungsreise. Er solle für seinen Auftraggeber – dessen Name unbedingt geheim bleiben müsse! – herausfinden, ob unter der Landbevölkerung Galiläas Nachwirkungen der Tätigkeit des Jesus von Nazareth festzustellen seien, vor allem an jenen Orten, wo er auffallende Heilerfolge erzielt hatte. Das war ein langer, komplizierter Satz! Die Achtung der Damenwelt von Naim vor dem Fremden stieg noch höher.

»Sie meinen, ob es bei uns in Naim eine ähnliche Gemeinde gibt wie in Kapharnaum und Tiberias?« fragte eine hochgewachsene, korpulente Frau, die offensichtlich nicht zum ersten Mal die Rolle einer Wortführerin übernahm. »Keine Sorge, mein Herr, wir halten uns streng an das Gesetz des Moses. Solche Abweichler wie die Anhänger des Jesus von Nazareth werden Sie im treumosaischen Dorf Naim nicht finden.« Und alle anderen bestätigten es: »Nein, in Naim gibt's so was nicht.«
Petrus schien nachzudenken, dann sagte er: »Aber wenn ich recht unterrichtet bin: *einen* Anhänger des Nazareners müßte es in Naim eigentlich noch geben, falls er nicht verstorben ist, nämlich den jungen Mann, den Jesus vom Tod auferweckte.«
»Ein junger Mann?« Die Wortführerin kicherte und wandte sich an ihre Freundinnen: »Der Abiud – ein junger Mann!«
»Damals natürlich«, sagte Petrus, »vor mehr als 25 Jahren. Inzwischen wird er auf die fünfzig zugehen.«
»Und sieht aus wie achtzig!« Alle lachten wie auf Kommando. »Ja, der lebt noch, mein Herr. Am besten, Sie fragen ihn selber. Den finden Sie an der Treppe zur Kneipe, dort wartet er jeden Tag, bis der Wirt öffnet. Vielleicht treffen Sie ihn sogar noch nüchtern an.«
»Warum ist er zum Trinker geworden?« fragte Petrus verwundert.
»Um seinen Kummer hinunterzuspülen. Doch da fragen Sie ihn lieber selber.«
Der Mann, den sie Abiud nannten, war schnell gefunden. Er hockte tatsächlich auf der Treppe, die zur Kneipe führte, und döste vor sich hin. Als Petrus ihm auf die Schulter klopfte, blickte er verstört auf und sagte unwirsch: »Was wollen Sie von mir?«
»Eine Auskunft.« Petrus setzte sich neben ihn. »Gestatten Sie mir eine Frage: Sind Sie der Mann, zu dem Jesus von Nazareth vor ungefähr 25 Jahren sprach: Jüngling, ich sage dir, stehe auf!?«

Abiud begriff nicht gleich: »Wer soll mir was vor 25 Jahren gesagt haben?«
»Jesus von Nazareth. Er war in ganz Galiläa als Wundertäter bekannt.«
»Ach der!« Abiud kratzte sich hinterm linken Ohr, als könnte er damit sein langsames Erinnern beschleunigen. »Jetzt weiß ich, was Sie meinen. Diesen Jesus. Ja, ja ich bin dieser« – er lachte kurz auf – »dieser Jüngling! Hätte er mich nur liegengelassen auf der Totenbahre. Mir wäre heute wohler. Nur Scherereien hatte ich davon, nur Scherereien!«
»Mit der Behörde, ich verstehe. Die hatte natürlich den Totenschein schon ausgestellt und mußte alles wieder ändern. Aber Ihre Mutter hat sich doch riesig gefreut.«
»Meine Mama? Meine Mama ist tot.« Er wischte sich mit dem Handrücken über die Augen.
»Das tut mir sehr leid«, sagte Petrus. »Doch damals lebte sie ja noch. Und das ganze Dorf war voller Begeisterung, überall im Lande wurde von dem Wunder in Naim erzählt.«
»Mama hatte einen Kramerladen, aber nicht viel Kundschaft. Das änderte sich nach diesem ›Wunder‹. Ich mußte jetzt immer neben ihr im Laden stehen und mich angaffen, ja sogar betasten lassen. Natürlich kauften jetzt viele Leute bei uns, die vorher niemals unseren Laden betreten hatten. Was die alles von mir wissen wollten! Wie das zugeht, wenn die Seele aus dem Körper entweicht; ob man da noch etwas hört und sieht, ob einem Verstorbene begegnen und wie das ist, wenn man plötzlich wieder atmet und lebt! Dabei hatte ich überhaupt keine Erinnerung an meinen toten Zustand. Mein Gehirn muß irgendwie ausgeschaltet gewesen sein. Doch eine solche Auskunft hätte mir kein Neugieriger abgenommen. Und so erfand ich die unglaublichsten Geschichten über meine Erlebnisse im Totenreich. Das machte mich für kurze Zeit zu einem interessanten Mann, auf die Dauer war es mein Ruin.« Über seine verhärmten Züge huschte ein Schimmer verblaßter Ei-

telkeit, als er Petrus vertraulich am Arm packte und mit ›du‹ anredete.

»Weißt du, ich war ein fescher Bursche! Die Mädchen waren ganz verrückt nach mir – vor der Geschichte und auch nachher. Aber geholfen hat es mir nichts. Du ahnst ja gar nicht, wie abergläubisch die Weiber sind, wenn es ans Heiraten geht. Denen hat gegraust vor mir, jawohl, regelrecht gegraust! Da kannst du der schönste Mann auf dem Erdball sein; bist du einmal auf der Totenbahre gelegen, hält man dich zeitlebens für eine wandelnde Leiche. Und so eine wagt kein Mädchen zu umarmen oder gar zu heiraten! Meiner Mama war das übrigens recht. Die wollte mich für sich behalten, ganz und gar, mit Haut und Haar. Vor sieben Jahren ist sie gestorben. Friede ihrer Seele! Aber für mich war's zu spät, und seither suche ich meinen Trost woanders.« Er deutete auf das Wirtshaus. »Daß du mich nicht mißverstehst: nichts gegen Mama. Sie hat's gut gemeint. Zu gut – und das war schlecht. Doch das hätte dieser Jesus durchschauen müssen, wenn er schon ein großer Prophet war, wie die Leute erzählen! Von dem will ich nichts mehr hören, brauchst ihm auch keine Grüße zu sagen. Und war es denn ein Wunder? Vielleicht war ich gar nicht tot, nur scheintot.«

»Ob du tot oder nur scheintot warst – auf jeden Fall warst du in Gefahr, begraben zu werden! Und er hat dich ins Leben zurückgeholt!«

»Nennst du das Leben?« Er deutete auf seine abgerissenen Kleider, drehte die Taschen um, zum Zeichen, daß er keinen Pfennig besaß.

»Daran bist du selber schuld. Wärst du ihm nachgefolgt! Viele von denen, die er heilte, sind ihm gefolgt. Das war auch deine Chance! Die hast du selber verscherzt.«

»Ihm folgen? Fort von Mama? Wozu hätte mich dann dieser Wundermann meiner Mama zurückgegeben?«

Darin steckte wirklich ein Problem, das sah Petrus ein; doch er hatte keine Lust, es mit diesem Trinker zu erörtern. »Glaubst du vielleicht, Jesus machte dich deshalb lebendig, damit du weiterhin nur noch Mamas

Liebling bleiben und den Hahn im Korb spielen konntest? Das Wunder war eine Aufforderung an dich! Doch du hast sie nicht begriffen und bist ihr nicht gefolgt, schlapper Kerl!«

»Öha!« Seine Augen funkelten böse. »Merk dir's: ich war ein fescher Kerl!«

»Öha«, äffte ihn Petrus nach. »Meinst du, ich war eine Vogelscheuche oder der Andreas und Johannes? Eine Menge ›fescher Burschen‹ sind ihm gefolgt und folgen ihm immer noch.« Er packte Abiud an der Schulter, als ob er ihn wachrütteln wollte. Abiud knurrte: »Geh, laß mich in Ruhe!«

»In deiner Friedhofsruhe! Keine Angst, ich laß dich schon. Uns war ja vieles unbegreiflich an Jesus. Aber daß er ausgerechnet einen Versager wie dich für ein Wunder ausgewählt hat ...« Das war nicht sehr liebenswürdig, das merkte sogar Abiud. Er griff nach seinem Stecken und hätte vielleicht auf Petrus eingedroschen, hätte nicht in diesem Augenblick der Wirt die Kneipe geöffnet.

»Zeit war's!« schimpfte Abiud, spuckte Petrus vor die Füße und stolperte treppauf in die Kneipe, der fesche Bursche von Naim.

Petrus sah ihm nicht lange nach, schüttelte den Staub des Dorfes Naim von seinen Füßen und eilte auf die Landstraße zurück, die nach Kana führte. Würde er dort dieselbe Enttäuschung erleben?

Kana war mit Fahnen und Lampions geschmückt, und vor dem Rathaus verkündete ein knallgelbes Transparent mit blauen Lettern: Ad multos annos! (Auf aramäisch natürlich.) Alt und jung spazierten festlich gekleidet und in fröhlichster Stimmung umher. Jeder, den Petrus nach dem Anlaß des Festes fragte, gab ihm dieselbe Antwort: »Unser Gerschi feiert Silberhochzeit.«

»Und wer ist Gerschi?«

»Unser Bürgermeister, eigentlich heißt er Gerschom, aber wir nennen ihn alle Gerschi.«

Sieh an, dachte sich Petrus, ob es sich bei dem angesehe-

nen und beliebten Mann etwa um den schüchternen Bräutigam von damals handelt? – Auch eine Verwandlung von Wasser in Wein.
Petrus ließ sich zum Bürgermeister führen. Dessen Kopf glich nicht mehr den bewaldeten Kuppen des Libanon, sondern eher dem kahlen Gipfel des Hermon; doch sonst war er mühelos wiederzuerkennen. Er wirkte sehr selbstbewußt, und Petrus bezweifelte, ob heute ein plötzlicher Getränkemangel sein seelisches Gleichgewicht erschüttern würde. Vermutlich nicht.
Gerschom erkannte Petrus nicht; doch als er ihm sagte, er habe damals im Gefolge des Jesus von Nazareth an der Hochzeitsfeier teilgenommen, schüttelte ihm Gerschom kräftig die Hand. »So eine Überraschung! Ja, das war ein Fest damals, so etwas wiederholt sich leider nicht. Kommt Jesus etwa auch noch vorbei?«
Petrus sah den Silberbräutigam leicht irritiert an. »Ja, hat es sich nicht bis Kana herumgesprochen, daß Jesus in Jerusalem ans Kreuz geschlagen wurde?«
»Doch, doch«, erwiderte Gerschom. »Wir leben zwar in der Provinz, aber nicht auf dem Mond. Von dem Tod des guten Mannes haben wir gehört; aber es hieß doch auch, er sei wieder lebendig geworden. Er müßte jetzt um die sechzig sein. Man hört freilich gar nichts mehr. Ist er krank? Hat seine Wunderkraft nachgelassen? Es wäre jammerschade.«
»Er ist zu seinem Vater heimgekehrt«, antwortete Petrus.
»Er ist also nicht mehr mit euch zusammen?«
»Doch, doch. Er ist immer bei uns, wenn sich zwei oder drei in seinem Namen versammeln.«
»Das mußt du mir nachher genauer erklären. Oder vielleicht morgen. Du kannst bleiben, solange du willst. Wir haben viel Platz im Haus. Doch jetzt will ich dich meiner lieben Gattin vorstellen. Sulamith!!!« Die Silberbraut erschien im Festschmuck, Gerschom erklärte ihr, wer der Gast sei, worauf sie sagte: »Ich habe immer gehofft, daß ein Überraschungsgast erscheint. Seien Sie herzlich

willkommen!« Sulamith war natürlich auch nicht mehr die hüpfende Gazelle von den Balsambergen, und so versagte sich Petrus die Komplimente aus dem Hohen Lied, die er vorbereitet hatte: Dein Haar gleicht einer Ziegenherde, deine Zähne frischgeschorenen Schafen, die eben der Schwemme entsteigen, eine Granatapfelscheibe deine Schläfe. Aber ihre Augen leuchteten noch wie Narzissen von Saron und wie die Lilien der Täler, und so begrüßte sie Petrus mit den Worten des weisen Salomo: »Kraft und Anmut ist dein Kleid. Am letzten Tag noch wirst du lachen. In deinem Mund wohnt Weisheit, und das Gesetz der Milde ist auf deiner Zunge. Deine Kinder preisen dich selig, und es rühmt dich dein Mann.« Sie hörte es mit Wohlgefallen und rief ihre Kinder herbei, vier an der Zahl, alle bereits verheiratet und ihrerseits mit Kindern gesegnet. Als sich die ganze nähere Verwandtschaft um den Gast versammelt hatte, sagte Sulamith, wer der Gast sei: »Einer der Gefährten des Jesus von Nazareth.«

Einige, jüngere vor allem, konnten sich unter diesem Namen nichts vorstellen. »Na, der bei unserer Hochzeit sieben Krüge Wasser in Wein verwandelt hat!« »Ach, der, ja an den erinnere ich mich«, sagte Onkel Jonathan und schnalzte genießerisch mit der Zungen: »Junge, Junge, det war ein Weinche! So was hab' ich nie wieder getrunken. He, Gerschi, was ist denn eigentlich aus dem restlichen Wein geworden? Da war doch noch ein erhebliches Quantum übrig, obwohl wir uns mächtig angestrengt haben, alles zu vertilgen, nicht wahr, Herr Petrus? Ihr jungen Kerle hattet einen Mordsdurst mitgebracht und seid mit einem Mordsrausch abgezogen.« Der Onkel lachte herzlich, Petrus lachte zurück.

»Das stimmt«, sagte Gerschom. »Jetzt erinnere ich mich genau. Anderthalb Krüge blieben übrig.«

»Habt ihr das etwa weggeschüttet?« fragte der Onkel.

»Bei uns wird nichts weggeschüttet«, erwiderte die Gattin. »Der Speisemeister schüttete den übrigen Wein in ein leeres Faß und versiegelte es.«

»Dann müßte er ja noch vorhanden sein.«
»Der Speisemeister nicht mehr, aber der Wein, ja. Ich weiß sogar, in welchem Faß er aufbewahrt ist.«
»Du weißt das?« fragte ihr Gatte überrascht.
»Selbstverständlich weiß ich das. Ich war übrigens manchmal versucht zu kosten, ob er noch süß ist oder umgestanden und zu Essig geworden. Immer hielt mich eine gewisse Scheu davon ab.«
»Vielleicht hat er sich in Wasser zurückverwandelt«, sagte ihr ältester Sohn. »Und es war gar kein Wunder, sondern nur eine Halluzination, auf die ihr alle hereingefallen seid.«
»Warum sehen wir nicht nach?« fragte Petrus. »Der heutige Tag ist wirklich der beste Anlaß dafür.« Alle lobten diesen Vorschlag und drängten zur Kellertreppe. Die Gastgeber gingen voran. Im Keller deutete die Gattin auf ein Faß in der Ecke; es war von einem schimmligen Pilz überzogen, der im Dämmerlicht wie Silber leuchtete. Die Gäste schlossen Wetten ab, in welcher Verfassung man den Wein wohl antreffen werde, nach fünfundzwanzig Jahren. Der Kellermeister öffnete mit dem Stechheber das Faß, probierte selber nicht, sondern füllte zunächst zwei Becher für das Silberpaar. Gerschom und Sulamith zögerten einen Augenblick, dann ergriffen sie die Becher, stießen an und hoben sie an den Mund. Und nippten mit größter Vorsicht.
»Na, wie schmeckt's?« wollten die neugierigen Gäste wissen. »Ist er sauer? Ist er wieder zu Wasser geworden?«
»Ihr könnt unbesorgt trinken«, verkündete Gerschom der Versammlung. »Er schmeckt noch süßer als damals.«
»Und reifer«, ergänzte die Gattin.
»Das hoffte ich«, sagte Petrus. »Gott nimmt seine Geschenke niemals zurück.«
Später, als sich ein Teil der Gäste verabschiedet hatte und nur die engere Verwandtschaft beisammen war, wollte er ihnen von Jesus erzählen. Gerschom meinte:

»Verschieben wir's auf später.« Der süße Wein hatte sein Interesse für Jesus fortgeschwemmt. Er fühlte sich jetzt rundum glücklich, mit seiner lieben Sulamith im Arm und den gut geratenen Kindern und Enkelkindern an der Seite. »Wir wollen den Genuß dieses Abends nicht durch eine Debatte über diesen Jesus trüben.«
»Vor 25 Jahren war er euch sehr willkommen und hat eure Hochzeitsfeier vor einer Katastrophe bewahrt«, bemerkte Petrus leicht gereizt.
»Wofür wir ihm ewig dankbar sind. Er hat uns damals sehr glücklich gemacht. Doch seht selbst« – und Gerschom umarmte zärtlich seine Frau – »könnte er uns heute noch glücklicher machen?«
Schade, daß die Photographie noch nicht erfunden war. Das selig strahlende Silberpaar hätte jeder Familienzeitschrift als Titelbild zur Zierde gereicht!
Sie waren bezaubernd, liebenswürdig und gastfreundlich; nur wenn Petrus das Gespräch auf Jesus bringen wollte, wichen sie höflich aus. »Später, Herr Petrus, später vielleicht.« Und als er vorschlug, in Kana eine christliche Gemeinde zu gründen, meinte der Bürgermeister: »Haben wir das in Kana nötig? Uns geht's auch ohne Jesus gut.«
Da schüttelte Petrus wieder Staub von seinen Füßen, diesmal den von Kana, und machte sich auf den Weg. Wohin nur? Nach Kapharnaum, um festzustellen, was aus der Tochter des Synagogenvorstehers Jairus geworden war? Und wenn er eine ähnliche Enttäuschung erleben würde wie in Naim? Am Ende hatte sie sich zu einer boshaften alten Zuchtel entwickelt! Lieber nicht, lieber einen weiten Bogen schlagen um diese Stadt. Schon Jesus hatte über ihre Unbußfertigkeit geklagt und gedroht, es werde sogar Sodom am Tage des Gerichtes erträglicher ergehen als ihr. Petrus umging auch Chorazain und Betsaida, überschritt den jungen Jordan am Nordufer des Sees Genesareth und fand sich plötzlich in einem offensichtlich wohlhabenden Dorf, das ihm bekannt vorkam: Gerasa. Er war nur ein einziges Mal hier gewesen,

mit Jesus; sie hatten es nie wieder betreten nach jenem berühmten Vorfall, der dem kleinen Ort biblische Unsterblichkeit verschaffen sollte.
Keiner, der die Geschichte einmal gehört oder gelesen hat, kann sie vergessen: Kaum war Jesus aus dem Boot gestiegen, war aus den Grabhöhlen am steilen Ufer ein Besessener auf ihn zugestürzt. Man hatte ihn zu fesseln versucht, er aber hatte die Ketten gesprengt und die Fußfesseln zerrieben. Niemand hatte ihn bändigen können. Mit seinem entsetzlichen Gebrüll marterte er die ganze Gegend. Diesen Besessenen mit Namen Samuel trieb nun ein böser Geist zu Jesus, genau gesagt, eine ganze Legion von bösen Geistern. Als Jesus ihnen mit herrischer Stimme befahl, aus dem unglücklichen Menschen auszufahren, fingen sie an zu winseln und bettelten, in die Schweine fahren zu dürfen. Jesus hatte nichts dagegen, es war in seinen Augen ein erlaubter Tausch: eine Menschenseele ist mehr wert als eine Schweineherde. Tatsächlich fuhren die bösen Geister in die Schweine und stürzten sie bergab in den See. Zweitausend Schweine! Man kann sich den Schrecken der Hirten vorstellen; sie flohen voller Angst ins Dorf. Merkwürdigerweise alarmierten sie nicht die Besitzer, wahrscheinlich aus Furcht, von ihnen geprügelt zu werden. Sie erzählten es anscheinend nur den kleinen Bauern im Dorf; die kamen heraus mit Weibern und Kindern und flehten Jesus an, ihr Gebiet zu verlassen. Die Gerasener waren zum größten Teil Heiden. (Welcher Jude hätte es gewagt, Schweine zu züchten und zu verkaufen?) Sie stammten aus allen Gegenden des Orients. Herodes Antipas hatte sie angesiedelt; sie produzierten das den Juden verbotene Fleisch für die vielen Ausländer, die in der Dekapolis und in Tiberias wohnten, Griechen, Römer, Syrer, und für die germanischen Söldner im römischen Heer, die einen unstillbaren Hunger nach Schweinsbraten von Rhein und Donau an den Rand der Wüste mitgebracht hatten. Vielleicht glaubten die abergläubischen Gerasener, Jesus sei eine zürnende Gottheit, die sie für

die überhöhten Kilopreise strafen wollte? Wie dem auch sei, Jesus kam ihrer Bitte nach und verließ ihr Gebiet. Auch die Jünger drängten ihn dazu, aus Angst vor einem Racheakt der Gerasener.
Wenn auch die Schweinevernichtung in Gerasa sicher noch nicht vergessen war – einen Racheakt befürchtete Petrus nach fünfundzwanzig Jahren doch nicht mehr. Außerdem würde ihn niemand kennen. Aller Blicke waren damals auf Jesus gerichtet. So machte er keinen Umweg, zumal sein Magen bedenklich knurrte, sondern ging schnell nach Gerasa hinein, ohne Furcht vor den Leuten und vor dem Schweinefleisch. Gott hatte ihm ja längst in einer Vision klargemacht, daß es keine unreinen vierfüßigen Tiere gebe und man alles essen dürfe; nachzulesen im zehnten und elften Kapitel der Apostelgeschichte. Tatsächlich wehte ihm schon nach der ersten Straßenecke der Duft von Schweinsbraten in die Nase. Dem Wirtshaus gegenüber verkauften geschäftstüchtige Straßenjungen strenggläubigen Juden, die auf der Reise in die Dekapolis Gerasa passieren mußten, wohlriechende Essenzen an, damit sie dem verhaßten Geruch leichter widerstehen konnten: Lavendel, Safran und Knoblauch aller Schärfegrade. Petrus fragte einen von ihnen, der sich die Nase zuhielt, was in Gerasa los sei. Man hörte fröhliches Gelächter aus den Häusern und so was wie Schrammelmusik. »Diese Saubauern feiern ihr Stiftungsfest«, zischte er verächtlich, »mit Spanferkeln und Freibier!« Als Petrus für diese erfreuliche Auskunft dankte und zum nächsten Wirtshaus abbiegen wollte, hielt ihn sein Landsmann fest. »Hör mal, Freundchen, deine Sprache verrät dich. Bist du nicht auch ein Jude?« Erst wollte Petrus kurz erwidern: »Gewesen«, doch dann raffte er sich zu einer höflicheren Antwort auf: »Nicht mehr so ganz, mein Freund!« und ließ ihn stehen. Vermutlich würde ihn der andere jetzt für einen liberalen Juden halten, der das Gesetz bricht, wenn es ihn stört. Solche Liberale mischten sich oft unter die Unbeschnittenen, mit schlechtem Gewissen und gutem Appetit.

Über dem Wirtshaus prangte eine girlandengeschmückte Tafel: »25 Jahre Neues Gerasa.« 25 Jahre – hing das womöglich mit der Heilung des Besessenen zusammen? Das mußte er herauskriegen. Er setzte sich zu einem Herrn mit mächtigem Vollbart, der ungefähr in seinem Alter war, und erkundigte sich nach dem Anlaß des Stiftungsfestes.

Der würdige Herr fragte ihn, woher er stamme. Als Petrus antwortete: »Aus Betsaida«, sagte er: »Nun, das ist ja gleich um die Ecke. Da haben Sie doch bestimmt gehört, was vor 25 Jahren bei uns passiert ist.«

Petrus nickte. »Wer hätte damals nichts davon gehört? Das muß ja ein schreckliches Unglück für Gerasa gewesen sein.«

»Wie man's nimmt«, sagte der Mann. »Der Fall erregte viel Aufsehen. Bei fanatischen Juden natürlich Schadenfreude; denen wäre es am liebsten gewesen, sämtliche Schweine von Gerasa, nicht nur die eine Herde, wären im See ersoffen. Na ja, solche Schadenfreude läßt sich verschmerzen, zumal uns die Neugierigen aus Tiberias und der Dekapolis voll entschädigten. Ihnen erschien es nicht ungewöhnlich, daß sich Dämonen in Schweine stürzen. In ihren Sagen verwandeln sich genügend Menschen in Schweine und Schweine in Menschen. Warum nicht auch Dämonen!«

»Dann hat also Jesus, ohne es zu wollen, den Tourismus bei euch angekurbelt?«

»Wie man's nimmt. Tourismus ist zuviel gesagt. Nach einigen Wochen erschöpfte sich die Sensationslust, wie das immer so ist. Da waren Bestechungsaffären bei den Wagenrennen in Tiberias wieder viel interessanter. Und dann erst wurde den Leuten in Gerasa so richtig bewußt, was geschehen war: als keine Schweine mehr grunzten und keine Ferkel mehr quiekten. Und was es für viele Züchter bedeutete: einen enormen Verlust.«

Auf diese heikle Frage wollte Petrus nicht zu sprechen kommen. Die hatte seinerzeit Kassenwart Judas heftig diskutiert, der jeden Tag das Eintreffen einer Forderung nach Schadenersatz befürchtete. Wie hätten Jesus und die Jünger das nötige Geld aufbringen sollen? Er lenkte das Gespräch auf ein anderes Thema, das ihm sowieso mehr am Herzen lag. »Was ist aus dem geheilten Besessenen geworden?«

»Aus dem Brüller? So nannten wir ihn nämlich. Den hätten die Neugierigen zu gerne besichtigt und betastet; doch der ließ sich nicht vorführen wie ein Tanzbär. Der machte sich auf den Weg in die Gegend der Zehnstädte, wie es ihm Jesus aufgetragen hatte, und verkündete dort die Großtaten Gottes; und zwar mit solcher Überzeugungskraft, daß sich erste Gemeinden von Jesusfreunden bildeten.«

Jesusgemeinden jenseits des Jordans? Davon wußte man in Jerusalem nichts. Das alte Lied, dachte sich Petrus. Was wird das erst, wenn das ›Hauptquartier‹ nach Rom verlegt ist?

»Existieren diese Gemeinden noch?«

»Wahrscheinlich. Genaues weiß ich jedoch nicht. Der Brüller kehrte nie mehr nach Gerasa zurück. Trotzdem bildete sich auch bei uns eine Gemeinde von Jesusfreunden.«

»Gehören Sie auch dazu?«

»Ich?« Der Alte grinste vergnügt. »Mir gehörten doch die Schweine, jedenfalls mehr als die Hälfte.«

Au weh, dachte Petrus, da bin ich ja genau an den Falschen geraten. Unwillkürlich rutschte er ein wenig zur Seite und meinte, um seine Verlegenheit zu überspielen: »Dann gab es also zwischen Ihnen und Jesus von Nazareth eine Beziehung der besonderen Art?«

»Und ob, mein Herr! Wie könnte ich den Menschen vergessen, der mich reich gemacht hat?«

Hatte sich Petrus verhört? Tatsächlich klingen die Wörter für reich und arm im Dialekt von Gerasa sehr ähnlich. »Sagten Sie reich? Sie meinten wohl das Gegenteil. Der Verlust von tausend Schweinen ist kein Pappenstiel.«

»Wie man's nimmt«, sagte er, »er ist ein Pappenstiel,

wenn ich ihn mit dem Schadenersatz vergleiche, den ich dafür erhielt.«

»Schadenersatz? Von wem denn? Von Jesus doch nicht.«

»Von Jesus«, entgegnete der würdige Herr seelenruhig und bestellte sich beim Wirt eine zweite Maß Bier.

»Ausgeschlossen. Jesus besaß keinen Pfennig. Und aus unserer Gemeinschaftskasse hätten wir keine drei Schweine bezahlen können.«

»Aha!« sagte der Alte, tat einen tiefen Zug aus dem Maßkrug und wischte sich genüßlich den Schaum aus den Mundwinkeln. »Jetzt haben Sie sich verraten! Ich hatte gleich so einen Verdacht. Sie gehörten zur Gesellschaft des Nazareners, zu jenem unreifen Burschen, die begeistert klatschten, als meine Schweine kollektiven Selbstmord verübten! He«, rief er in die Runde, in der Zwischenzeit hatte sich die Wirtsstube mit neuen Gästen gefüllt, »mein Nachbar hier aus Betsaida war damals dabei! Es geht halt nichts über die alte Beduinenweisheit: Ein kluges Kamel führt den Missetäter immer wieder an den Tatort zurück.«

Die Männer vom Nebentisch rückten neugierig heran und musterten Petrus mit stechenden Blicken. Zwei holten ihre Messer hervor – um die steinharten Knödel zu zerschneiden.

»Ich war nicht der Täter«, verteidigte sich Petrus, »nur Zuschauer.«

»Tatzeuge also!« rief eine Stimme wie aus einer Grabeshöhle. Petrus wurde es unheimlich.

»Richtig: Tatzeuge.« Der Alte sprach weiter. »Nun, werter Tatzeuge, Sie können sich leicht vorstellen, was für eine Wut mich damals packte. War das nicht unerhört? Den Dämonen, die den armen Brüller heimsuchten und damit indirekt uns alle, meine Schweine als Zufluchtsort anzuweisen und ihnen zu befehlen, sich in den See zu stürzen? Was hatten meine teuren Zuchtsäue mit dem Besessenen zu tun? Die Familie des Brüllers, eine der wenigen jüdischen Familien in Gerasa, besaß genügend

Schafe. Warum hetzte er die Dämonen nicht in diese Schafe hinein? Ich sann auf Rache, rannte sofort in die nächste Stadt, erstattete Anzeige gegen Unbekannt und forderte exemplarische Strafe für das Massaker an meinen Tieren. Dieser Jesus – damals kannte ich seinen Namen noch nicht – sollte den Schaden bezahlen, und wenn er nicht zahlen konnte, sollte er die Summe abarbeiten, er und seine kräftigen jungen Burschen! Und wenn sie ein halbes Jahr dazu brauchten. Ich malte mir schon aus, welchem Aufseher ich sie übergeben würde, dem strengsten und rohesten von allen. Auf dem Rückweg von der Stadt machte ich einen Umweg zu der Höhle, wo der arme Brüller gehaust hatte, vielleicht wußte der den Namen des Übeltäters. Ich kannte ihn nur als tobenden, schreienden Besessenen, der jeden anfiel, der ihm zu nahe kam. Jetzt saß er friedlich vor seiner Höhle, sprach vernünftige Sätze, seine Augen leuchteten so voller Freude, wie ich niemals eines Menschen Augen leuchten sah. Das traf mich wie ein Blitz. Bestand das Glück darin, vom Bösen erlöst zu sein? War ich deshalb bisher trotz allem Reichtum, Einfluß und Vermögen ein unzufriedener, unerträglicher, ja unglücklicher Mensch, weil in mir zu viele böse Dämonen hausten? Und was für böse Dämonen! War ich nicht ein unbarmherziger Patron, nur auf den Gewinn bedacht, nutzte meine Arbeiter schamlos aus, zahlte ihnen Hungerlöhne, trieb die Preise hoch oder drückte sie herunter, je nachdem, was Gewinn versprach? Ich kam mir hundeelend vor. Ich kann heute nicht mehr sagen: Stiegen diese Gedanken in mir selber auf, oder half der Geheilte nach, mit dem ich mich die ganze Nacht unterhielt? Jedenfalls zog ich am nächsten Tag meine Klage zurück. Die Justiz zweifelte an meinem Verstand, meine Frau und meine Freunde übrigens auch – bis sie merkten, daß ich ein anderer Mensch geworden war: verträglich, zufriedener, glücklicher, auf jeden Fall nicht mehr so böse und egoistisch wie vorher. Ich konnte sogar zum ersten Mal seit langer Zeit wieder herzlich lachen. Sie sehen: Auch an mir hat Gott Großes getan.

Dein Jesus von Nazareth hat es nie erfahren. Ich wollte es ihm erzählen, ich wollte ihm danken, wollte seine Hände küssen, die auch mich geheilt hatten, und reiste zum nächsten Osterfest nach Jerusalem. Doch ich kam zu spät. Der Hohe Rat der Juden hatte ihn verhaften und von Pilatus zum Tod verurteilen lassen. Ich sah ihn am Kreuze verbluten. Ich war erschüttert. Das darf nicht sein, das kann nicht sein, das kann Gott doch nicht zulassen! Oh, wäre ich Gott, ich hätte Feuer und Schwefel auf ganz Jerusalem heruntergeschüttet! Dann ritt ich nach Hause, drei Tage und drei Nächte, ohne zu essen und zu schlafen, trieb das Pferd schlimmer an, als ich meine Arbeiter angetrieben hatte, sprengte schließlich mit letzter Kraft zur Grabeshöhle hinauf, wo der Brüller gehaust hatte – und da sah ich ihn, sah ihn mit diesen meinen Augen, ja, diesen Jesus sah ich, er streckte die Hand nach mir aus wie damals, als er befahl: ›Fahre aus, unreiner Geist, aus diesem Menschen.‹ Dann verlor ich die Besinnung.«
Es wurde totenstill am Tisch, bis einer sagte: »Das mußt du dir eingebildet haben. Er war am Kreuz gestorben. Woher weißt du, daß er es war und kein Gespenst?«
»Er rief mich beim Namen.« Nach einer Pause, in der die Männer nur zu flüstern wagten, wandte er sich zu Petrus und packte ihn freundschaftlich am Arm: »Nun verstehen Sie wohl auch meine Bemerkung vom Schadenersatz, und daß ich diesen Jesus nicht vergessen kann, der mich so reich gemacht hat. Zur Erinnerung an ihn habe ich dieses Fest gestiftet. Kommen Sie bitte mit mir in mein Haus. Sie werden Brüder und Schwestern finden, Brüder und Schwestern im Glauben. Sie müssen uns viel erzählen von ihm. Aber vorher müssen Sie noch einen Schluck trinken, Sie sitzen ja die ganze Zeit mit trockener Kehle da. Prost, Bruderherz!«
Und jetzt schmeckte es auch Petrus, zum ersten Mal auf seiner Wanderschaft.

Finis

Drei Wochen später erhielt Peter einen Anruf von Irene Schigolch-Meckenheim. Er hatte ihr – im Einverständnis mit dem Autor – Kopien der blauen Hefte geschickt. Seine eigene Geschichte allerdings nicht. Er hatte sie gebeten zu prüfen, ob sich die Manuskripte des Emeritus als Grundlage für die Fernsehserie eigneten. Am Telefon wollte sie sich darüber nicht äußern; sie bat um eine Zusammenkunft, zu der sie auch einen Serienproduzenten mitbringen wollte, einen gewissen Hanfried Spinetti. Peter war einverstanden, vorausgesetzt, daß er seinerseits Professor Schwaighofer hinzuziehen könne. Nichts war Irene Schigolch-Meckenheim lieber als das, und so traf man sich, um dem Professor die Reise zu ersparen, in einem Café der Bischofsstadt.

Man begrüßte sich herzlich und tauschte Komplimente aus. Die meisten waren an die Adresse des Emeritus gerichtet, schmeichelten seinem hohen Alter, seinem profunden Wissen und seinem Erfindungsreichtum und seiner progressiven Einstellung. Er winkte ab. »Das war vor 50 Jahren! Inzwischen bin ich in manchem klüger geworden. Übrigens habe ich das wenigste erfunden. Die geschichtlichen Ereignisse können Sie in allen möglichen Handbüchern nachlesen.«

»Da sind sie kaum so lebendig und spannend erzählt wie in den blauen Heften«, sagte Irene Schigolch-Meckenheim und legte anschließend in wohlgeformten Sätzen dar, was ihr an den Episoden besonders gefallen habe, fünf Minuten lang.

Hanfried Spinetti nickte nur dazu.

»Und was hat Ihnen nicht gefallen?« fragte der Emeritus.

»Uns beiden hat alles gefallen, literarisch wie historisch. Aber wir müssen uns natürlich immer die Frage stellen: Wie kommt es auf dem Bildschirm an? Wird es dem normalen Fernsehpublikum gefallen? Was kann es nachvollziehen, was nicht? Und da sind uns einige Bedenken gekommen. Das Jammern des Abtes Cölestin müßte man wahrscheinlich etwas kürzen. – Für Bayern könnte

man unter Umständen eine längere Fassung produzieren, damit Ihr König Ludwig mehr zur Geltung kommt. – Die Beschimpfungen des Papstes, in der Geschichte vom Blitz aus Worms und dem Donner aus Rom, sollten besser etwas gedämpfter und dezenter klingen. Sonst kriegen wir womöglich Schwierigkeiten mit Ihrer Kirche; man wird uns vorwerfen, despektierliche Äußerungen gegen den jetzigen Inhaber des Heiligen Stuhles zu provozieren.«
»Das hängt wohl vom zuständigen Medienbeauftragten ab. Wie ich höre, steht da ein Wechsel bevor«, bemerkte Peter.
»Wäre das kein Job für Sie?« fragte Schigolch-Meckenheim.
Peter antwortete nicht darauf, sondern fragte: »Und was sind Ihre nächsten Bedenken?«
»In der Geschichte von der Übergabe Jerusalems sollten die Moslems positiver dargestellt werden.«
»Na hören Sie, gnädige Frau«, rief der Emeritus mit ungewohnt lauter Stimme. »Habe ich den Kalifen Omar nicht als vorbildlichen Eroberer hingestellt, nobel vom Scheitel bis zur Sohle?«
»Ja, ja, aber auch als Kameltreiber bezeichnet. Und so etwas hört kein gläubiger Moslem gern. Wenn uns nachher islamische Fundamentalisten Briefbomben ins Studio schicken ...«
»... hätten Sie für Ihre Tagesschau eine Schreckensmeldung mehr!«
»An denen fehlt es uns auch so nicht«, lächelte die Dame. »Ich glaube, Herr Spinetti möchte sich auch noch äußern«, fügte sie hinzu. Bisher hatte dieser nur beflissen genickt.
»An spannenden Zusammenstößen fehlt es nicht«, sagte Herr Spinetti. »Nur sind es immer Zusammenstöße mit Worten. Für eine Radiosendung wäre das optimal. Doch auf dem Bildschirm erwarten die Leute spannende Aktionen ...«
»Äktschn meinen Sie? Verfolgungsjagden mit dem

Auto? Das wird aber nicht ganz einfach sein im Mittelalter und zur Zeit des Kaisers Konstantin. Oder dürften es statt Autos Pferde sein?«

»Kamele wären noch besser. Stellen Sie sich vor: ein Kamelrennen zwischen Omar und Sophronios um die Mauern von Jerusalem!« rief Peter.

Spinetti blickte unsicher auf die Geistlichkeit. »Kommt das nicht ein bißchen teuer? Wo nehmen wir die Kamele her?«

Aus den Fernsehanstalten, dachte sich der Emeritus, sprach es aber nicht aus. Statt dessen erkundigte er sich, ob außer Verfolgungsjagden auch Bettszenen erforderlich seien.

Spinetti wehrte ab. »Bei dieser Thematik nicht unbedingt nötig. Aber ihre Frage hat mich an einen anderen Mangel erinnert. Lauter Männerrollen! Ich will ja nicht behaupten, daß dies typisch für Ihre Kirche sei ...«

Peter lachte. »Sie meinen: Mulier taceat in ecclesia.«

Spinetti warf einen fragenden Blick auf seine Kollegin; die flüsterte ihm ins Ohr: »Die Frau hat in der Kirche zu schweigen.«

Spinetti fuhr fort: »Ganz so kraß scheint das ja heute nicht mehr gehandhabt zu werden. Doch ließe sich nicht eine tragende Rolle mit einer Frau besetzen?«

»Das schlage ich auch vor«, sagte Irene Schigolch-Mekkenheim. »Anstatt des Vandalen eine Vandalin. So eine rassige blonde Walküre ...«

»Die womöglich den überall Unzucht witternden Salvian verführt?« fragte der Emeritus dazwischen und zwinkerte Peter zu. Die Unterhaltung mit den Medienmenschen machte ihm sichtlich Spaß. »Eines ließe sich vielleicht machen: Unter den bischöflichen Prachtgewändern bleiben gewisse Geschlechtsmerkmale sowieso verborgen. Da könnte man einige Damen beschäftigen; ihre schrillen Stimmen würden den aufgeregten Bischofsversammlungen in Worms und Rom zu den erwünschten Obertönen verhelfen.«

»Zu der Gestalt des Papstes Gregor, wie Sie ihn schil-

dern, würde eine dünne, hohe Stimme sowieso gut passen. Sie selber erkennen ihm eine ›helle, fast jugendliche‹ zu. Da sehe ich kaum einen Unterschied.« Spinetti hatte die Manuskripte offenbar doch sehr genau gelesen.
Irene ergänzte seinen Vorschlag: »Hamlet wurde schon oft von großen Tragödinnen gespielt.
»Hamlet ja, aber ein Papst? So grob wollen wir mit der Geschichte doch nicht verfahren«, sagte der Emeritus. »Und was den Patriarchen von Jerusalem betrifft, der liebt zwar prächtige Gewänder, doch er ist ein Verlierer! Eine Frau aber müßte Siegerin sein und die Zukunft verkörpern. Darum empfiehlt es sich auch nicht, aus dem deprimierten Abt Cölestin eine Äbtissin Cölestina zu machen, obwohl diese Geschlechtsumwandlung am leichtesten vorzunehmen wäre. Es würde das Publikum wohl sehr erheitern, wenn der künftige König eine alte Äbtissin aus dem Sumpfe zieht.«
»Um die Rolle der alten Äbtissin würde sich eh kaum eine bedeutende Schauspielerin reißen«, meinte Frau Schigolch-Meckenheim. »Aber warum nicht aus dem Neffen des Eusebius eine Nichte Antonia machen? Sie hat das neue Rom besucht, hat sich entsetzt vor dem schamlosen Treiben in der Hauptstadt ...«
»... das in Rückblenden eindrucksvoll glaubhaft gemacht werden könnte!«
»Muß nicht unbedingt sein, Herr Professor! Eine junge hübsche Antonia – wenn die sich entschlossen zeigt, die Welt zu verlassen und in die Wüste zu ziehen, steigt sicher das Interesse der Damenwelt an unsrer Serie. Außerdem fiele dann die etwas peinliche Szene weg, wo der Onkel seinem Neffen einen Schwips aufhängt; bei einer künftigen Nonne schickte sich das wirklich nicht.«
»Sie meinen, bei einem Mönch schon eher?« fragte Peter.
Die Antwort gab ihm der Emeritus: »Natürlich, junger Freund! Der Orden meines Namenspatrons hat nur als Bier überlebt: Paulaner.«

Spinetti lächelte höflich, bevor er zu weiterer Kritik ansetzte: »Es wird überhaupt zuviel getrunken in Ihren Geschichten. Fast jede Episode endet mit einer alkoholischen Verbrüderung. Das sollte man ändern. Sie wissen ja, wie empfindlich da heute ein Teil unsrer Öffentlichkeit ist.«

»Dafür raucht keiner meiner Helden und spritzt sich keiner Heroin«, verteidigte sich der Emeritus. »Übrigens stimmt Ihr Einwand nur zum Teil. Gregor und Heinrich verbrüdern sich leider nicht. Vielleicht hätte ein guter Tropfen die Annäherung zwischen ihnen erleichtert. Und wenn Sie an die Geschichte des Schwarzmalers Salvian denken, da gehört ohne Zweifel die Zukunft dem Vandalen, der das Wasser dem Weine vorzieht.«

»Gut, ich gebe das zu«, sagte Spinetti, der übrigens während der Unterhaltung schon den dritten Kognak geordert hatte. »Trotzdem: Der Whiskey fließt zu häufig. Sie sollten ihn wenigstens etwas verdünnen. Diese irischen Punker-Mönche, die ihn anpreisen, strahlen so viel Lebensfreude aus wie eine Schmusekatze, die mit XY gefüttert wird. Das grenzt fast an unlautere Werbung.«

»Sie wollen meinen Whiskey verdünnen?« Der Emeritus mimte den Betrübten. »Da verliert mein Text jede persönliche Note.«

Frau Schigolch-Meckenheim mimte die Trösterin. »Einmal lassen wir Ihre Helden auf jeden Fall davon trinken. Aber nun eine ganz andere Frage. Sie verhießen mir am Telefon noch eine sechste Geschichte. Ist die geschrieben?«

Der Emeritus nickte und deutete auf Peter.

»Was?« sagte die Dame begeistert, »auch Sie gehen unter die Literaten? Das finde ich ja phantastisch.«

»Es war mein erster Versuch«, sagte Peter bescheiden.

»Ich halte ihn für geglückt«, meinte der Emeritus. »Und Sie werden der gleichen Ansicht sein. Er bietet nämlich genügend Frauenrollen, eine Silberbraut und jede Menge Klatschweiber am Dorfbrunnen! Allerdings endet auch

diese Episode am Wirtshaustisch: ein Schweinezüchter prostet dem heiligen Petrus zu – und das mit Bier, nicht mit Weihwasser!«
»Das klingt zumindest interessant. Könnten Sie uns eine Kopie davon überlassen?«
»Gerne, ich schicke sie Ihnen morgen zu«, versprach Peter.
»Fein. Dann hören Sie bald wieder von uns!«
Damit war das Gespräch beendet. Das Fernsehen übernahm die Zeche, und man verabschiedete sich.

Peter fuhr den Emeritus nach Hause.
»Ob wir wohl noch etwas von ihnen hören?« fragte er skeptisch.
»Angebissen haben sie schon«, antwortete der Emeritus. »Es wäre ja auch endlich eine neue Art von Serie. Freilich möchten sie vieles ›bildschirmgerecht aufbereiten‹, wie man sagt, und das führt meistens zu einem Niveauverlust.«
»Darum müssen wir uns unbedingt ein Mitspracherecht sichern. Sonst zeigen sie bei der Salviangeschichte nur noch Perversitäten in den Gassen von Marseille, und wir bürgen mit unseren Namen dafür!«
»Ich glaube, das wird die edle Irene mit dem seriösen Augenaufschlag zu verhindern wissen«, sagte der Emeritus. »Etwas anderes macht mir mehr Sorgen. Bei einer Serie, die das Image der Kirche aufbessern soll, rechnet die Fernsehanstalt bestimmt mit Zuschüssen seitens der Kirche.«
»Man sollte die Werbemillionen anzapfen, meinen Sie nicht?«
»Und von wessen Gutachten hängt das ab? Vom Medienbeauftragten.«
»Soviel ich weiß, ist der jetzige ein aufgeschlossener Mann.«
»Das stimmt, nur geht er demnächst in Pension. Weißt du, wer sein Nachfolger werden soll?«
Peter zuckte mit den Schultern.

»Ich habe es hintenrum erfahren. Nur wollte ich vorhin nichts verraten, als deine holde Irene dich für diese Stelle vorschlug.«

»Sie machen es spannend. Wer wird es denn? Kenne ich ihn?«

»Und ob du ihn kennst! Halt dich am Steuer fest: dein Busenfeind, der Weiße Hai. Was sagst du jetzt?«

Am liebsten hätte Peter gesagt: »Aus is, aus is« wie der deprimierte Abt, doch er raffte sich zu einem Lächeln auf und sagte: »Mutter Kirche hat also doch noch Humor – zumindest einen schwarzen.«

»Besser als keinen«, tröstete ihn der Emeritus und brach plötzlich in ein so ansteckendes Lachen aus, daß der schwarze Peter nicht anders konnte, als in das Lachen einzustimmen. Hätte sie in diesem Augenblick der Weiße Hai gesehen, ihm wären sämtliche Zähne ausgefallen.

Die Geschichten dieses Buches

Weitere Bücher von Adalbert Seipolt

Der Ölscheich von Christiansreuth

140 Seiten, mit Zeichnungen von Polykarp Uehlein, Milskin, mit vierfarbigem Schutzumschlag

Eine heiter-sartirische Geschichte um die Käuflichkeit der Menschen, um Profitgier und nicht zuletzt um die Oberflächlichkeit und Glaubensschwäche, aber auch um Grundsatztreue und einen Schuß Lebensweisheit.

Der aufgeweckte Siebenschläfer

Eine unverblümte Legende aus unseren Tagen
268 Seiten, Leinen mit Schutzumschlag

Ein Heiliger macht Urlaub auf der Erde. Es ist ein in den Höhlen von Ephesus eingemauerter Siebenschläfer, der bei seiner Auferstehung gleich einer Rcisegesellschaft begegnet, bei der er Freunde gewinnt. Seine Erdenwanderung wird für ihn eine abenteuerliche Reise im 20. Jahrhundert. *Bonifatiusbote*

echter

Zwölf im Netz

184 Seiten, Milskin-Pappband mit Schutzumschlag

In diesem Buch schildert der Autor farbig und lebendig, wie zu Jesu Zeiten ihm die jungen Menschen nachfolgten, welchen Charakter seine Jünger hatten und warum sie so schnell auf Jesu Ruf hörten. Es gelingt dem Verfasser, Humor und Ernst so miteinander zu verbinden, daß der Leser ganz unversehens ins Nachdenken gerät. Ein spannendes Buch. *Benediktus-Bote*

Frauenspersonen Zutritt verboten

Von einem, der auszog, im Kloster das Gruseln zu lernen
192 Seiten, 6 Zeichnungen von Placidus Haider, Pappband

Der Autor versucht in diesem Buch, humorvoll und mit anscheinend unerschöpflichem Einfallsreichtum etwas zu vermitteln, was so manchem vermeintlich aufgeklärten Zeitgenossen abgeht. Hier geht es um einen Einblick in das wirkliche Leben im Kloster mit allen guten und unguten Eigenschaften der „Mönchstypen". (Ob er wohl einige seiner Mitbrüder bei der Charakterisierung im Auge hatte?)
Der Journalist eines sensationslüsternen und antiklerikalen Blattes verbringt inkognito einige Tage in der Abtei. Er hofft, die herkömmlichen Klischees über Mönche durch handfeste Beweise für ihre dunklen Machenschaften belegen zu können. Er muß sich auf lustige Weise eines Besseren belehren lassen.
Ordenskorrespondenz

Und es nickte der kopflose Bischof

152 Seiten mit Zeichnungen von Placidus Heider, Pappband mit Schutzumschlag

Diesmal hat Seipolt sich die vierzehn Nothelfer vorgenommen. In der Wallfahrtskirche Vierzehnheiligen treffen sie sich, wie heute so üblich, zu einer Konferenz. Turbulent geht es zu, die Aufgaben und Patronate sind neu zu verteilen. Dies wird köstlich geschildert. Eine vergnügliche Lektüre, mit der Sie sich und anderen Freude bereiten.

Erdkreis

Benjamin rettet den Messias

32 Seiten mit Farbbildern von Lukas Ruegenberg, Pappband.

Die Geburt eines Kindes in einem Stall in Bethlehem versetzt die in der Nähe weilenden Hirten in helle Aufregung. Als einige Zeit später auch noch drei geheimnisvolle Fremde nach einem neugeborenen Kind, einem König, suchen, ist das ganze ansonsten verschlafene Städtchen auf den Beinen. Nur Benjamin will von dem ganzen Trubel nichts wissen – bis er eines Tages hört, daß die junge Familie vor dem König Herodes fliehen muß. Adalbert Seipolt erzählt in diesem Band die Weihnachtsgeschichte aus der Sicht eines kleinen Hirtenjungen und führt so in seiner gewohnt humorvollen wie nachdenklichen Art an die Ereignisse um die Geburt Jesu heran.